樗下詠莊子

用道家智慧解決生命困境

羅惠齡 著

目次

附錄：《莊子》各篇原文

前言

經典究竟能留下什麼？對於我們的生命會產生什麼樣的影響？其意義何在？陽剛的經典，能給出生命積極熱切的陽光；而陰柔的經典，卻是能夠消解生命困頓傷痛的陰影。以儒家經典而言，他們總是用積極的理想，正面的思維，人性的關愛以及道德的美善等等……。勤拓立志大業，成就更上層樓，營造美好人生。可人生不如意十之八九，行於江湖，奔走人間，又豈能事事皆如己意。當義無反顧，正面積極的窮索探尋，卻是行有不得，難免產生負面效應。而當消極的情緒不斷湧現，當下情緒與陽光初衷形成了對抗，正面積極的理想將承受極大的衝擊，瑰麗的願景亦易自高峰跌落谷底，造成了生命難以承受的嚴重傷痛。因此，當我們在儒家舍我其誰，知其不可為而為之的理想中出現了挫敗，難以消受的艱難時，這個時候，便是作為道家經典挺身而出之際了。

樗下詠《莊子》，便是老莊經典的獨特之處。莊子通過道家的智慧來面對時代的課題，消解人世間的執惑與負累，以其知其不可奈何而安之若命，來化解橫肆生命的負面與傷痛。引《莊子》經典注入現代生命，提升人類的精神境界，尋求內心的平和幸福，讓經典《莊子》回歸當下生活。本書便是聚焦在這樣的邏輯觀點上，作為當下呈顯出莊子為響應時代的心靈智慧。

本書在單元章節佈置方面，每章將以一個「寓言成語」做為主題，再分成三個節次，深入淺出的作為一單元三段次的詳述內容。首先，莊子內文大量引用寓言，故事性強，文學意味重。經典原文鋪敘前，為因應內文故事陳述，便於讀者理解體會，會大量列舉生活中淺顯易懂的小故事做為引導，來與莊子詰屈聱牙的長篇寓言得出當下生命的精湛呼應，期許讀者友朋皆能從中獲得每個單元當下所蘊含的人生哲理。

其次，因為莊子篇幅過長，讀到後面便容易忘記前面到底在說些什麼，不容易把握住要點。而本書最為動人的亮點，便是「唱和呼應」。因為作者長期在國、高中教授國文，深知學生在學習文言文的過程中，有感於不知其所以然而然的諸多痛楚。因而發前所未發，別出心裁的將耳熟能詳的當下流行歌曲，將其抽換其歌詞，再運用諧音，改編歌詞，成為了學生們喜愛語文的教學特色，亦成就了本書創意創新的巧思特點。

因此，本書在「唱和呼應」的單元中，破天荒的讓喜愛莊學，欲入其莊門卻又不易得其要旨的同好者，提供了令人耳目一新、獨樹一幟的學習技巧。寓言成語文意說解後，將以單元講解內容精要作為總結，揀擇較為耳熟能詳的歌曲並改編其歌詞內容，使讀者們在一哼、一唱的輕鬆學習中，熟記並把握當下《莊子》的學習精要。

最後，在第三節中將有「精神主旨」和「反思討論」作為寓言成語說解後的延伸學習。將古人智慧的核心意旨牢牢把握，並在不拘一格，沒有固定標準答案的開放性省思問題的自我提問當中，且將自我和心靈保留一道舒緩空間，相互攜手聆聽並與之真誠交流對話，讓這位名之你是誰與那個名之誰是你的自我，於經典的真實朗現中再度相遇相契。

對於從未接觸，心嚮往之，可又礙於經典高深而望之卻步的初學者；已有短暫接觸，或是曾經涉入其中，但卻是入其門而不知所以然的，或棄或不知所向的焦慮者；長時間接觸，因其經典深深似海，入其寶山卻又空手而返的愛好者。

樗下詠《莊子》一書，面向大眾，不設門檻，有心有志於國學經典的愛好者，欲提升古典語文的閱讀能力者，意將《莊子》書中的思想智慧，應用於處世生命者，歡迎皆因詠《莊子》而共同邁向當下人生不同且多樣完美的可能性。

寓言成語一章旨三節次的詳述內容學習，精彩紛呈。亦因著老師多年教授課程的積累經驗，忠於經典的精湛論述和深入淺出的導引風格，便於讀者提升學習效率，縮短精力成本，使之獲得專業國學知識，拓展精神文化人脈，並結交經典知心同好。

《莊子》，已經走向你了，而經典不移，經典走向你。

《莊子》，已經走向你了，眾弦俱寂，誰才是經典唯一的高音呢？

讓我們一起領略先哲的智慧，共同感受兩千年來人類精神世界的美妙。

經典恒久遠，《莊子》永流傳。

唱和呼應

♪改編自五月天〈後來的我們〉

只期待後來的你能快樂……你真的幸福快樂。

♪改編後

只期待　擁抱《莊子》　能快樂
那就是　論述的我　最想的
後來的你們　依然讀著
故事引導　原文對焦
朝經典人生　追尋了
無論是　精神主旨　反思討論
也要讓　唱和呼應　精彩著
後來的我們　我期待著
愛要《莊子》才完美
你真的　幸福快樂

為尊重及保護著作財產權，僅列出改編歌詞的曲目、主唱者及頭尾歌詞，方便讀者自行查找改編處。

第一章　莊子簡介

1. 莊子其書

篇章簡介

《莊子》一書分內篇、外篇以及雜篇，戰國中晚期逐步流傳、揉雜、附益，至西漢大致成形，然而當時流傳版本，今已失傳。《史記》載莊子「著書十餘萬言」。《漢書・藝文志》著錄「《莊子》五十二篇」。惟今存《莊子》一書，僅存三十三篇，約七萬餘言，經由晉代郭象整理刪定，篇目章節與漢代已有所別。傳統觀點認為〈內篇〉為莊子本人所著，大體可代表戰國時期莊子思想的核心；而〈外篇〉和〈雜篇〉的發展縱橫百餘年，參雜黃老形成複雜的體系，判為莊子後學所作。司馬遷認為莊子思想「其學無所不窺，然其要本歸於老子之言」。不過，即便被認為是後學所作的〈外篇〉和〈雜篇〉，其與〈內篇〉思想一致，亦有其研究價值，故本課程成語寓言的揀擇，亦多收攝其中。

內篇	（一至七）	逍遙遊 齊物論 養生主 人間世 德充符 大宗師 應帝王
外篇	（八至二十二）	駢拇 馬蹄 胠篋 在宥 天地 天道 天運 刻意 繕性 秋水 至樂 達生 山木 田子方 知北遊
雜篇	（二十三至三十三）	庚桑楚 徐无鬼 則陽 外物 寓言 讓王 盜蹠 説劍 漁父 列禦寇 天下

快速樂唱誦，熟記內七篇

傳統學術認為內篇七篇成文在先，為莊子本人所著。那麼，作為研讀《莊子》的後學同好而言，內篇七篇依序的篇名便沒有不詳知的理由了。

兩隻老虎，兩隻老虎，跑得快，跑得快；
一隻沒有眼睛，一隻沒有尾巴，真奇怪，真奇怪。

相信大家對於兒歌〈兩隻老虎〉並不陌生吧！接著，讓我們舉一反二，快速輕鬆的將莊子七篇篇名，依序地收攝至耳熟能詳的兒歌記憶吧！

莊子七篇，逍遙遊，齊物論，養生主；
人間世，德充符，大宗師，應帝王。

內七篇要點大意

（一）〈逍遙遊〉

〈逍遙遊〉是莊子著作的首篇文章。開宗明義便點出了莊子心中超越嚮往的哲學總綱，發揮提綱挈領的作用，展現思想高遠的境界與形象。逍遙即消搖，也就是消解、消融的意思。意思是化解世俗所畫地自限、自築困境的有用無用之爭，而達到逍遙自適的高明進程。

傳說乾隆下江南，途經鎮江金山寺時，眼見如此繁華盛況，便尋問高僧：一天之中，究竟有多少船隻來來往往於長江之中呢？高僧回答：僅有兩條船。乾隆不解問道：怎麼可能只有兩條船呢？高僧答道：一條為「名」，一條為「利」，整個長江之中來來往往的，無非就是這兩條船。

試問：多少世人盡其一生，無不為一個「我」字所拘？天下熙熙，皆為利來；天下攘攘，皆為利往。眾人為了各自利益頻忙蜂擁、勤煩奔波，苦了一生，又何曾有其一絲真正的快活自在呢？

莊子身處戰爭頻仍的紛亂時代，一般知識份子要不孜孜不倦的宣揚自成派別的伐異理論，要不就汲汲營營的追逐個人的利祿功名。至於國家領導，更是熱血於開疆擴土而不惜大肆殺伐，更遑論是為了人民百姓的幸福安樂，而高舉著保家護國的捍衛旗幟呢？

莊子崇尚老子之學，以「無」為其學說宗旨，強調無心、無為、無待，即遊心於無所待的無有之境。簡言之，即要人放下執念、泯除成見、順應自然，打破世俗價值，入於世而超乎世，體會物我兩忘，讓心靈虛空無為而達致萬物齊一之境。唯其釋放消解，才能將心打開，人間天地寬廣，與造化者同其逍遙，則將無入而不自得。如此一來，終能隨遇而安、隨處可遊於自在自得的逍遙之境。

（二）〈齊物論〉

〈齊物論〉可視為莊子的方法論。為步上超越嚮往的逍遙，因而在思維上深刻著力，在觀念中神妙而行。打通智慧的障蔽，旨在泯除對於外物以其相對性的觀察方式，肯定一切人與物的獨特意義與價值。去除成心，揚棄我執，透過忘言忘辯的進路，超越彼此是非黑白的對立，順著萬物天生的自然，達到「萬物一齊」、「道通為一」的思想境界。

簡而言之，就是不執著於人非我是，相互給出尊重的空間，化解人事物的存在差異。平等看待迥異於彼此視角之真、善、美的價值觀念；公平的對待不同的宗教信仰、地方習俗、家庭傳統以及成長背景等等。尤有進者，先跟不同微笑的內在呼應，包容差異，設身處地，形成共識；如此一來，將會是對於自我釋出最最溫暖的體貼和善意的和解了。

心知執著，咫尺天涯；虛靜觀照，天涯咫尺。即是〈齊物論〉所欲消解人類對於世俗價值的盲從與執著，從而成就了彼此自相異相非的衝突與對立，進升至相生相融的涵容與諒解。

（三）〈養生主〉

〈養生主〉，顧名思義，便是以養生為論的養生主。體現了莊子為儲備生命嚮往的積糧，從而在生活中做出最具體的操作把握。順應自然，忘卻情感，全生保身，安時處順，不為外物攪擾困滯之哀樂不能入也的哲學思維和生命旨趣。

人生絕大部分的難關，皆源於繚繞不開的人、事、物問題。所謂的「養生」，便是要求去涵養這個「生主」，然而這樣的一個「生主」又是什麼呢？「生主」其實就是我們的生命主體。這樣的一個生命主體便是存在涵藏於自身，是我固有之的「心」。因此，「養生主」所揭示的關鍵意義，便是要守護「生主」，然而這樣的一個「主」，便是要求由我自己的「心」來作主。時時關照心靈的沖虛，讓身處紅塵俗世，容易逐物而不反的心靈使其虛靜安頓。唯有在心靈放下執著的有，呈顯虛空之無的當下，你才能夠以其無限單純的心，提升並穿越複雜的有限人間，從而去照現他人，感同身受，理解包容，學習傾聽。最後，終能在逍遙於道境的天地之間，馳騁於齊物的胸懷之際，保身全生並養身盡年的完善養生。

（四）〈人間世〉

〈人間世〉講述的是人際關係的錯綜紛擾，揭露了人間社會的糾葛險惡，並提出如何應世及自處之道。強調人的定位不必然於社會活動中窮索苦尋，現實世界的淑世理想亦是劃地自限。人間多災多患難，必須透過虛而待物的心齋護持，始能具體表現在知其不可奈何而安之若命的應世智慧。

莊子所謂的〈人間世〉，即是對於人間生命的理想嚮往。身為一個棲身在當下人間的社會存在，即便是投身在無用的社會，即使是身處在劫難逃的困頓，靠著自我修養修行的把握，讓生命重獲平靜真樸，還是能夠超越難關，使內在心靈層次翻升至精神自由境界。如此一來，無用之用存全了有用之用，穿越了人間江湖的種種複雜，生命出路得到了把握，使其無用之用朗現於人間社會。

此身不得已，人間無所逃，所以必須要乘物以遊心，托不得已以養中，順著事物自然而然的悠遊自適，托不得已而涵詠蓄養心中的精氣。換言之，一個人隻身在人間世中有著太多的無可奈何和情非得已，每個人都用自以為是的標準去苛求對方，弄得自己和他人都精疲力盡，苦痛不堪，卻又無法讓這些紛擾糾結停格不動。既已是入世之人，逃無所逃的必須與人息息相關，然而在面對無道的人間世，自我的有限性，又豈能駕馭的了充斥於人間複雜的存在困局呢？因此，莊子才要我們乘物以遊心，放下物欲束縛，拋開執念桎梏，突破情意牽引，始能遊出心靈價值的藍天白雲。

吾生也有涯，而知也無涯。拋開心知負累的有限性，引領完滿心靈的無限性。面對現實的人間情境，吾心即是宇宙，宇宙即是吾心。物物皆盡於己，好好的養心護心，朗現心的靈動境界，涵護主體生命的沖虛，擁抱彼我真善的美好。如此一來，便能共同在詭譎多變的人間世中，遊向安頓生命的心靈故鄉。

（五）〈德充符〉

〈德充符〉，「充」是充實，「符」是證驗，體現在「德」的狀態便是「忘形」與「忘情」。強調最高境界的人物在其外在形象上的隱匿以及內心境域自然流露的精神力道。藉由貌醜形殘之人，做為順應自然，保持和諧，德能充實於內，形能充實於外，從而使內外相符，德形互映的充實驗證。

莊子舉了幾個外貌奇醜及形體殘缺不全，但內在精神卻是健全飽滿的人物範例來做說明。當一個人的內在德行充實飽滿，所有與之接觸的他者，都能夠因為在此人身上領悟出一種純粹真實和祥和喜悅的感受，並因其德馨而忘卻世俗既定僵化的人為標準。形有所忘，德有所長，重德而賤形，德全而形忘。忘卻人為價值的形軀變化，內在道德境界才能得以滋長提升。

消解知識概念的執著，不逐價值外緣的華麗，回歸符應萬象的自然天真，即是〈德充符〉中所謂的「德充于內而符應於外」的契合境界。

（六）〈大宗師〉

〈大宗師〉，大是大道，宗即是宗主，師為老師。大宗師即是以大道為老師，藉由大宗師來體悟天道的人格修行。

其觀念彙整的操作與功夫進程的把握，皆是集結莊子處世觀念於一身的核心哲學，可視為莊子學說的本體論。「道」是天地萬物之宗，亦是萬眾之師，是氣魄恢弘的徹底彰顯。其「墮肢體，黜聰明，離形去知，同於大通。」托出真人如何能夠體會大道，何以能夠不悅生惡死，在人間道中無拘無束的往返自如。既是論道，又是修道，如此天人合一的超越自然，消解生死的道境人生，安之若素的人生態度，相忘江湖的生活境界，才是做為〈大宗師〉真正的終極價值。

真人即是大宗師，而什麼又是真人呢？就是去心知之執（禍福、成敗、得失）、勘情識之茫（喜、怒、哀、樂）、破死生之苦，以其真實生命之尊，悟人格修養之大。視天為宗為師，從人道再天道，如此一來的天人一體，天人契合，在天人合一的嚮往中，成就生命人格的偉大，契合終極境界的天道。

（七）〈應帝王〉

無為而治，無心而任乎自化者，應為帝王也。主要是闡述帝王如何治理天下的問題，由此可看出莊子政治理想的哲學。說明為政當無為去知，聽任自然，順乎民情，行不言之教，皆是莊子思想「內聖外王」的具體展現。

如何治國平天下？如何將人民百姓安頓妥當呢？莊子除了強調君主的作為必須因循事物的自然本性及其發展趨勢之外，還強調要做到不夾雜君主個人的私心和成見。那就是要和天下人在一起，共同順應天下的百姓，隨時都能將自己放下的應物無心。如此一來，方能成就人世間最最自由的帝王。

風格特色

結構奇特、思想連貫、文辭富麗、聲調和諧、豐富寓言、善用比喻、語彙精當、形象具體、浪漫瑰麗、大膽想像、精妙描述、辛辣幽默、諷刺犀利、汪洋恣肆、雄渾飛越、變化創造……，皆於《莊子》作品中展現出高度的語言特色，為先秦諸子文章之典範佳作。

「汪洋辟闔，儀態萬方，晚周諸子之作，莫能先也。」是魯迅在《漢文學史綱要》中對莊子極佳的評價。歷代文士如阮籍、稽康、陶淵明、劉勰、李白、韓愈、柳宗元、蘇軾、曹雪芹等，崇尚自然逍遙的人生觀念與文人思想的精神底蘊，不乏對《莊子》文字與思想的援用，可見其生命態度影響之深遠。

透過玄悟的方式於孤獨中去感觸，而這樣「獨與天地精神往來」的感受充斥著浪漫的美感，因而開啟了浪漫主義文學的視野。《史記．老子韓非列傳》：莊子「著書十餘萬言，大抵率寓言也。」由此可知莊子思想的特點，是以寓言的形式來做為表現人生哲學的態度。讀其《莊子》一書，能讓你區分內在獨一的心靈境界與外在眾多的紛亂世界。經由重內輕外，安內處外，進而有內無外，不變應萬變，安變而知變，而達致外化而內不化的真正逍遙。

參考書目

（一）古籍釋義

（晉）郭象注、（唐）成玄英疏：《莊子注疏》，北京：中華書局，二〇一二年。
（明）憨山：《莊子內篇注》，武漢：崇文書局，二〇一七年。
（清）王夫之：《莊子通‧莊子解》，臺北：里仁書局，一九九五年。
（清）郭慶藩：《莊子集釋》（全三冊），北京：中華書局，二〇一二年。
（清）王先謙：《莊子集解》，上海：上海古籍出版社，一九九五年。
（清）宣穎：《莊子南華經解》，臺北：廣文書局，一九七八年。
（清）陳壽昌：《南華真經正義》，臺北：新天地書局，一九七二年。

（二）現代解讀

王叔岷，《莊學管窺》，北京：中華書局，二〇〇七年。
王叔岷：《莊子校詮》，北京：中華書局，二〇〇七年。
牟宗三：《中國哲學十九講》，臺北：臺灣學生書局，一九八三年。
徐復觀：《中國人性論史‧先秦篇》，北京：九州出版社，二〇一四年。
方東美：《原始儒家道家哲學》，臺北：臺灣黎明文化事業公司，一九八七年。

唐君毅：《中國哲學原論・原道篇》，北京：中國社會科學出版社，二〇〇六年。
勞思光：《新編中國哲學史》，臺北：三民書局，一九九〇年。
崔大華：《莊學研究》，北京：人民出版社，一九九二年。
馮友蘭：《中國哲學史新編》，北京：人民出版社，一九八四年。
錢穆：《莊子纂箋》，北京：三聯經書店，二〇一四年。
王蒙：《莊子的奔騰》，北京：北京聯合出版公司，二〇一七年。
王邦雄：《儒道之間》，臺北：漢光文化事業股份有限公司，一九八五年。
王邦雄：《走在莊子逍遙的路上》，臺北：臺灣商務印書館，二〇〇四年。
王邦雄：《中國哲學論集》，臺北：臺灣學生書局，二〇〇四年。
王邦雄：《莊子道》，臺北：里仁書局，二〇一〇年。
王邦雄：《莊子寓言說解》，臺北：遠流出版事業股份有限公司，二〇一五年。
陳鼓應：《莊子今注今譯》，北京：商務印書館，二〇〇七年。
陳鼓應：《老莊新論》，上海：上海古籍出版社，一九九二年。
陳鼓應：《莊子淺說》，北京：中華書局，二〇一七年。
陳少明：《齊物論》及其影響，北京：北京大學出版社，二〇〇四年。
黃錦鋐：《新譯莊子讀本》，臺北：三民書局，二〇一八年。
傅佩榮：《傅佩榮解讀莊子》，北京：線裝書局，二〇〇六年。
傅佩榮：《逍遙之樂：傅佩榮談莊子》，北京：東方出版社，二〇一三年。
劉笑敢：《莊子哲學及其演變》，北京：中國人民大學出版社，二〇一〇年。

劉笑敢：《兩種自由的追求：莊子與沙特》，臺北：正中書局，一九九四年。
王博：《莊子哲學》，北京：北京大學出版社，二〇〇四年。
鍾泰：《莊子發微》，上海：上海古籍出版社，一九八八年。
方勇：《莊子詮評》，四川：巴蜀書社，二〇〇七年。
方勇：《莊學史略》，四川：巴蜀書社，二〇〇八年。
方勇：《莊子學史》，北京：人民出版社，二〇〇八年。
吳汝鈞：《老莊哲學的現代析論》，臺北：文津出版社，一九九九年。
顏昆陽：《莊子藝術精神析論》，臺北：華正書局，二〇〇五年。
顏昆陽：《莊子的寓言世界》，臺北：漢藝色研文化事業有限公司，二〇〇五年。
顏翔林：《莊子懷疑論美學》北京：人民出版社，二〇一五年。
高柏園：《莊子內七篇思想研究》，臺北：文津出版社，二〇〇〇年。
張遠山：《莊子復原本注譯》，江蘇：江蘇文藝出版社，二〇一〇年。
張遠山：《莊子傳》，江蘇：江蘇文藝出版社，二〇一三年。
張默生：《莊子新釋》，濟南：齊魯書社，一九九三年。
張松輝：《莊子疑義考辨》，北京：中華書局，二〇〇七年。
崔大華：《莊學研究》，北京：人民出版社，一九九二年。
趙衛民：《莊子的風神：由蝴蝶之變到氣化》，臺北：聯經出版社，二〇一〇年。
楊儒賓：《儒門內的莊子》，臺北：聯經出版社，二〇一六年。
楊國榮：《莊子的思想世界》，北京：三聯經書店，二〇一七年。

劉文典：《莊子補正》，合肥：安徽大學出版社，一九九九年。
葉海煙：《老莊哲學新論》，臺北：文津出版社，一九九七年。
蘇新鋈：《郭象莊學平議》，臺北：臺灣學生書局，一九八〇年。
沈善增：《還吾莊子》，上海：學林出版社，二〇〇一年。
王溢嘉：《莊子陪你走紅塵》，北京：新星出版社，二〇一二年。
杜保瑞：《莊周夢蝶——莊子哲學》，臺北：五南圖書出版社，二〇一五年。
止庵：《樗下讀莊》，濟南：山東畫報出版社，二〇一六年。
譚宇權：《莊子哲學評論》，臺北：文津出版社，一九九八年。

2. 莊子其人

逆境省思

莊子所處的戰國中期，是諸侯國君大肆辟地充庫，良臣識士棄義助紂為虐，野心政客變相攘奪政權，混亂世局的傾軋爭鬥帶來殺人盈野的戰爭摧毀。莊子就是生逢在這麼一個率獸食人、率土地食人肉，混亂汙濁黑暗的世道裡。驚濤駭世，正道不彰；邪道倡狂，時空次序顛倒錯亂，價值觀念扭曲變形；天下共苦，戰鬥不休。是以與所如者不合的莊子，深感動亂剝奪人之為人的自主性，滿目皆是無可奈何的殘忍現實。於是，如何在動亂中安其自我的全身保身，獲得安適心境的精神自由，而以其個人的人生體驗去反思一個人的價值觀和生存問題。

變革時代

戰國（前四五三年－前二二一年），周天子威信掃地，韓、趙、魏三家分晉直至秦始皇統一中國，是中國歷史上最為劇烈的變革時期。期間戰爭頻仍，烽火連綿，眼望所及，處處「爭地以戰，殺人盈野；爭城以戰，殺人盈城」之殘酷亂象。戰爭成為了諸侯們行兼併利益，採爭權奪霸為其主要的目標和手段。各國諸侯為厚植實力，大都積極進行政治、軍事、經濟制度的改革，因而亟需大量人才。於是宗族出身和政經地位的藩籬突破，傳統思想和文化觀念的禁錮開放，大批廣具傲才能人之士，因此躍上了政治舞臺。如高居相位的改革先鋒：李悝、商鞅、吳起、申不害等；南征北戰的戰士名將：樂毅、白起、王翦；憑三寸不爛之舌謀求富貴的遊說之士：張儀、蘇秦。此外，在思想領域中更湧現了大批學士，他們著書立說，廣聚徒眾，立家成派，爭相宣傳自己的思想和主張，開創了中國思想文化史上最為活躍之「百家爭鳴」的局勢。不僅促進了思想的解放和文化的繁榮，更造就了如莊周、墨翟、孟軻、荀卿、惠施、公孫龍，這些璀璨奪目的思想家。

認識莊子

莊子（前三六九年—前二八六年），蒙人也，名周，嘗為蒙漆園吏，與梁惠王、齊宣王同時。戰國中期著名的思想家、哲學家和文學家。《史記・老子韓非列傳第三》中記載：「其學無所不窺，然其要歸本於老子之言，故其著書十餘萬言，大抵率寓言也。」

道家學派的代表人物，老子思想的繼承和發展者，與老子並稱為「老莊」。與孟子雖處同一時代，所幸兩人互不相識。莊子繼承發揚老子學說為道家代表與繼承發揚孔子學說為儒家代表的孟子，想來二人思想理路應是「道不同而不相為謀」的。即便是高手過招，唇槍舌戰，怕也將是一場雖打卻亦不相識的種種枉然啊！

中年以後，窮居陋巷，以織草鞋維生，雖貧無立錐之地，卻絲毫不為所苦。其後楚威王欲以高官厚祿網絡人才，仍被窮不失志，不願為五斗米折腰的莊子給斷然拒絕了。

莊子博覽群書，深諳人情世故，語言超凡脫俗，異於常人的高度思維哲學，學多識廣，思維開闊，自然開出心靈曠達的超拔之境。據傳嘗隱居南華山，故唐玄宗天寶初年，詔封莊周為南華真人，稱其著書《莊子》為南華經。在四庫全書之中為子部道家類別。清初名評家金聖歎列《莊子》為「天下第一才子書」。

莊子二三事之涸轍鮒魚

莊周家貧，故往貸粟于監河侯。監河侯曰：「諾。我將得邑金，將貸子三百金，可乎？」莊周忿然作色曰：「周昨來，有中道而呼者。周顧視車轍中，有鮒魚焉。周問之曰：『鮒魚來！子何為者邪？』對曰：『我，東海之波臣也。君豈有斗升之水而活我哉？』周曰：『諾。我且南遊吳、越之王，激西江之水而迎子，可乎？』鮒魚忿然作色曰：『吾失我常與，我無所處。吾得斗升之水然活耳，君乃言此，曾不如早索我於枯魚之肆！』」

《莊子‧外物》

莊子家境貧窮，向監河侯借米化解當下之危。監河侯道：好哇，等我收齊封邑之地百姓的租稅，屆時再借三百斤給你，好嗎？

莊子一聽，心裡很不是滋味。氣得回答說：我昨天來的時候，聽見有人在呼喚我。回頭一看，發現車輪輾過成窪的地方，有一條鯽魚在那裡呻吟。我便問他說：鯽魚先生，您這是怎麼啦？為何出現在這裡呢？鯽魚答說：我原是東海龍王的臣子，如今落難並受困於此，能否請您給我少許的水，解我當下之危呢？

我說：好哇，這有什麼問題呢？待我到南方遊說吳越的國君，等他點頭同意，便能激引西江之水來給你，你看如何呢？鯽魚聽後，臉色大變的說道：我是因為離開了水，失去了安身立命之處，眼下僅需少許的水便能得以存活。聽了你這樣見死不救的一番無關緊要話語，與其天荒地老的等你救濟，倒還不如請你早點到乾魚零售市場去看望我呢！

天下大亂，戰火頻仍，生靈塗炭，哀鴻遍野，莊子雖處窮途末路之境，卻不失清高孤傲的性情，因此對監河侯落井下石的無理予以辛辣的諷刺。莊子借糧，監河侯非但不予救濟，反而以其將得封邑百姓之租稅自滿驕人，並以「將貸子三百金」戲弄莊子。由此可見，在那個昏君亂相的時代裡，小人得志的世道中，清廉智士要持守窮不失志，是多麼無可奈何的艱難呀！

莊子無畏困窘及不被現實所屈的靈動思維，跨越了一切不可為而為之的障蔽，從而使得個人精神被時空牢籠所設限的「此在」之中，得以瀟灑的遊離出來，並獲得物我之間的自由與解脫。

莊子二三事之曳尾塗中

> 莊子釣于濮水。楚王使大夫二人往先焉，曰：「願以境內累矣！」莊子持竿不顧，曰：「吾聞楚有神龜，死已三千歲矣。王以巾笥而藏之廟堂之上。此龜者，寧其死為留骨而貴乎？寧其生而曳尾於塗中乎？」二大夫曰：「寧生而曳尾塗中。」莊子曰：「往矣！吾將曳尾於塗中。」
>
> 《莊子・秋水》

莊子在濮水邊釣魚，楚威王派兩位大夫前往表達久仰賢德的心意，並說道：希望莊子能到楚國擔任要職，治民理政。

莊子持著魚竿，頭也不回的說道：「我聽說楚國有一隻神龜，已經死了三千多年了，君王用錦緞將牠盛放在竹匣中，珍藏在廟堂之上。就你們認為，這只神龜牠是寧願死去留下骨骸以顯示尊貴呢？還是寧願活在爛泥裡搖頭擺尾呢？」

兩位大夫異口同聲說道：當然是「寧願活在爛泥裡搖頭擺尾的呀！」

莊子說：「既然如此，你們還是回去吧！我倒寧可像神龜一樣的在爛泥裡搖頭擺尾呢。」

不為世俗所羈，不被名利所動，不讓高官厚祿束縛自我。通過對莊子動作，神態及語言的描摹，刻畫莊子嚮往自由、超然物外的思想體現。不屑與統治者同流合污的高尚形象，精神生命自能流露出一種自由自足的充盈底蘊。

又，《史記・老子韓非列傳第三》中記載：

> 楚成王聞莊周賢，使使厚幣迎之，許以為相。莊周笑謂楚使者曰：「千金，重利；卿相，尊位也。子獨不見郊祭之牲牛乎？養食之數歲，衣以文繡，以入大廟。當是之時，雖欲為孤豚，豈可得乎？子亟去，無汙我！我寧遊戲汙瀆之中自快，無為有國者所羈，終身不仕，以快吾志焉。」

楚威王多次聽聞眾人讚譽莊子博古通今，是當世經天緯地不可多得的曠世奇才。久慕莊子盛名，於是派了兩位使者，帶著昂貴的厚禮，欲聘他擔任楚國的宰相。莊子不禁哂笑的對楚國使者說道：千金萬兩的確是十分昂貴的聘禮，尊貴宰相更是位高權重的象徵。可你們難道沒有看見祭祀天地時供神所用的肥牛嗎？殺了多年養肥的牛，給牠披上文采的錦繡，將牠抬到大廟裡。就在此刻的當下，即使這只牛希冀成為一頭孤單的小豬，又豈能如牛所願呢？你們快走，別在這裡玷污了我！我寧可嬉戲在泥巴堆裡，一輩子不當官，免於高官厚祿羈絆，以圖個逍遙自適自在。

「千金，重利」、「卿相，尊位」，是多少人夢寐渴求，終身汲汲營營；又是多少人為此出賣人格，蒙蔽靈魂，更甚至是鋌而走險，不惜付出性命代價卻仍執迷不悔的一味盲求。

深諳因果關係的莊子認為人生於世，猶如「遊於羿之彀中」，伴君如伴虎，處處充斥危機。因此，為能無為有國者所羈，即便簞瓢屢空，窮居陋巷，仍甘於貧賤，追求自由而不願作官，從而快意其志而盡其逍遙。

莊子履歷

前三六九年：莊周生於蒙邑，一歲。

魏人楊朱，二十七歲。宋人惠施，十二歲。魏人公孫衍，七歲。

鄒人孟軻，四歲。

前三六五年：五歲。魏惠侯伐宋。

前三五三年：十七歲。齊威王僭稱「王」。

前三四九年：二十一歲。孟軻二十四歲。莊周娶妻鍾離氏。

前三四八年：二十二歲。長子出生，名莊遍。

前三四七年：二十三歲。任漆園吏。

前三四三年：二十七歲。惠施三十八歲，前往魏國。

前三四〇年：三十歲。藺且（莊子弟子）生於蒙邑東門。惠施出任衛相。

前三三九年：三十一歲。次子莊咸出生。

前三三七年：三十三歲。辭去漆園吏約在此後。

前三三五年：三十五歲。魏惠王僭稱「王」。莊子赴魏見魏惠王、惠施。

前三三二年：三十八歲。晉見楚威王。

前三三一年：三十九歲。莊周辭楚相不受。

前三二五年：四十五歲。秦惠王僭稱「王」。莊子貶斥「宋王」「秦王」。

前三二三年：四十七歲。五國相王。莊子拜見魏惠王，魏惠王放棄伐齊。

《史記・魯世家》：「是時六國皆稱王」。

前三二二年：四十八歲。惠施罷相返宋。

前三一九年：五十一歲。魏惠王卒，魏襄王立。惠施離宋返魏，圖謀復相失敗。

前三〇〇年：七十歲。惠施卒於宋。

前二八六年：八十四歲。卒於宋國蒙邑，臨終反對弟子對其厚葬。遺著內七篇，一萬三千餘言。

唱和呼應

♪改編自兒歌〈火車快飛〉

火車快飛，火車快飛，
穿過高山，飛過小溪，
不知跑過幾百里，
搭到家裡，搭到家裡，
媽媽看見真歡喜。

♪改編後

戰國莊子，名周蒙人，
窮居陋巷，織草鞋維生，
涸轍鮒魚，持窮不失志，
千金重利，卿相尊位，
寧快意其志而盡逍遙。

3. 莊子與惠施

運斤成風

莊子送葬，過惠子之墓，顧謂從者曰：「郢人堊慢其鼻端，若蠅翼，使匠石斫之。匠石運斤成風，聽而斫之，盡堊而鼻不傷，郢人立不失容。宋元君聞之，召匠石曰：『嘗試為寡人為之。』匠石曰：『臣則嘗能斫之。雖然臣之質死久矣。』自惠子之死也，吾無以為質矣！吾無與言之矣。」

《莊子・徐無鬼》

惠子是莊子的朋友，也是辯論對手。兩個人經常為了相異觀點而互有爭論。惠子死後，莊子前去送葬，回頭對著門徒說道：楚國郢都有個人在搗石灰時，將一滴泥灰飛濺到了鼻尖上，這滴泥灰就像蒼蠅翅膀一樣的輕薄。搗石灰的人請匠人替他削掉。匠人揮動著斧頭，揮得呼呼作響，再若無其事地隨手劈了下去，將那滴泥灰完全削去，但鼻子卻沒有絲毫損傷。而搗石灰的人站在那裡，卻依舊面不改色。

宋元君聽說了這件事，就把匠人找來，說：你能不能示範這個技活讓我觀看一下呢？匠人說：過去的我的確可以這麼削，但現在已經不能了。因為能站著讓我用斧頭劈去泥灰的這個人已經去世了。

自從惠子去世，我就沒有對手了，少了辯論的物件，失去了說話的人，更無推心置腹談論的契友了。

莊周、惠施，兩人道不同卻相為知音契友。韓愈〈馬說〉中說：「世有伯樂，然後有千里馬。千里馬常有，而伯樂不常有。」有了搗石灰如伯樂般的慧眼，千里馬的匠人才能盡其所長，運斤成風。一如伯牙與鍾子期：伯牙擅於彈琴，鍾子期善於欣賞。每當伯牙彈琴之際，一想著高山峻嶺，在旁聆聽的鍾子期便會說道：你的琴聲好似巍峨的高山；只要伯牙想到流水，鐘子期便又會接著說：你的琴聲仿佛奔騰恣意的江河。伯牙只要想到什麼，鍾子期都能從琴聲中領會把握並同應伯牙的所思所想。後來鍾子期去世，伯牙認為世上再無知音，於是他將自己最心愛的琴摔碎，終生再不彈琴。

以莊子傲冠群倫，又獨與天地精神往來的人，能獲旗鼓相當的摯友實屬不易。

惠子是莊子的老朋友，擅長辯論，鋒芒犀利，兩人經常是唇槍舌劍，互不相讓；但探討有用無用的哲學命題，切磋琢磨之際，卻又是互仰才能的惺惺相惜。寓言中流露出盡是相知相惜的濃厚真摯友誼，生前喜較高下的創意與智趣，徒留下逝後形單影隻的孤獨和悲涼。

惠子相梁

惠子相梁，莊子往見之。或謂惠子曰：「莊子來，欲代子相。」於是惠子恐，搜於國中三日三夜。莊子往見之，曰：「南方有鳥，其名為鵷鶵，子知之乎？夫鵷鶵，發於南海而飛于北海，非梧桐不止，非練實不食，非醴泉不飲。於是鴟得腐鼠，鵷鶵過之，仰而視之曰：『嚇！』今子欲以子之梁國而嚇我邪？」

《莊子‧秋水》

惠施在魏國為相，莊子前去拜訪他。有好事者對惠子說：「莊子這次前來，肯定是想要代替您來做為宰相的。」惠子聽後，感到擔憂及害怕，於是派人在都城中花了整整三天三夜的時間去搜捕莊子，卻是一無所獲。

過了幾天，莊子親自前去拜見惠子，並對他說道：南方有一種鳥，叫做鵷鶵，你有聽說過嗎？這種鳥是從南海出發，而飛往北海，若非是梧桐樹是不肯在上面棲息的，不是竹子的果實也是不會吃的，不是甘美的泉水更是不會喝的。於此之時，有隻貓頭鷹得到了一隻腐爛的老鼠，眼見鵷鶵飛過，連忙抬起頭，面露驚恐的看著鵷鶵。如今你也想用你的魏國相位來嚇唬我嗎？

莊子依舊巧妙地在「惠子相梁」中採用了寓言的形式，以語不驚人死不休的辛辣諷刺做比喻。將鵷鶵喻莊子為志向高潔之士，鄙視功名、淡泊名利、超然物外；鴟比喻惠子為其極力追求功名利祿的人，名欲熏心、無端猜忌、心胸狹窄。特別是將鴟嚇鵷鶵的情景刻畫地惟妙惟肖，投射出惠子因擔心失去相國之位，而在未徹底瞭解他人的真實意圖及事情的真相之前，種種多疑猜忌的偏狹醜態。

此與〈齊物論〉的意旨相當。切勿以人事蠹傷天然，誤用造作戕害性命，勿將有限的名利權勢所得之障蔽，反將自我困入了無窮無盡莫須有的深淵之中。

思想差異

惠施	莊周
名家。	道家。
客觀認知。	主觀感受。
理性。	感性。
力辯求真。	巧辯尚美。
實事求是的純粹思辨。	移情作用的心靈感應。
重視知識探討，邏輯家的個性。	不假文字推理，藝術家的特色。
區分名實。	物是齊等。
不同種族，相異個體，無法相知。	得魚忘荃，得意忘言，得道忘知之物我合一。
蔽於知。	得其道。

「名家苛察繳繞，使人不得反其意，專決於名而失人情，故曰『使人儉而善失真』。若夫控名責實，參伍不失，此不可不察也。」

（司馬談《論六家要旨》）

惠施是名家代表。名家過份嚴格，繁瑣重複的概念名稱，又不讓人持反駁意見。過分專注於概念名稱，失去了一般常理，使人容易迷失事物的真實面相。所以才說：「它會使人受約束而喪失了真實性」。至於循名責實，則是要求根據名分和實際來進行比較，才不致於造成了錯失遺漏，這樣的一種主張必須認真考察的。

理性思考，好辯、重分析，對於事物有追根究柢的認知態度，重在知識的探討，邏輯家的個性。一力辯，一求真，一拘泥。

就事論事，覺得不同種族不能相知。如在「濠梁之辨」〈秋水〉中認為魚和人非同類，無法相互感知彼此的感覺。人無法感知魚是否快樂，同樣的也不會將自己的快樂移轉到外物之中。故持此一觀點來質疑莊子，層層逼問他何以能夠得知的呢？

整個論辯的過程中，惠子始終保持理性且有條理的就語言的邏輯和推論得到這樣的一個結論，也就是不同種族，相異個體，絕對無法相知互解的。由於這種確定性，並非感覺經驗所能提供，歸於純粹思考，從而否定感覺經驗。因此魚樂的境界沒有逍遙，不再自在，直視事實原狀的態度，汲汲索問如何知魚樂的問題，結果反倒被其「知」字所蒙蔽了。

莊子是道家代表。道家思想認為從「道」的立場來看，人和他物皆是齊等的；因此莊子會說他能感知魚的快樂。惠子的觀點是：人只能自知，不能他知；而莊子的觀點則是：人既可自知，又能感知其他事物。莊子偏於美學上的觀賞，惠子著重知識論的判斷。迥異的認知態度，是由於他們性格上的相異；莊子具有藝術家的風貌，惠子則帶有邏輯家的個性。

莊子重視同，認為人與物可以相通，對於外界的認識帶有欣賞的態度。將主觀的情意發揮到外物上，而產生移情感知的作用，具有藝術家的風貌。一巧辯，一尚美，一超然，求的是一種當下活潑自在，不假文字推理的真知，因此莊子能於觀魚之中得知魚之樂處。

荃者所以在魚，得魚而忘荃；蹄者所以在兔，得兔而忘蹄；言者所以在意，得意而忘言。吾安得夫忘言之人而與之言哉！

《莊子・外物》

捕到了魚就忘記漁網，捉到了兔子就丟棄捕獸的器具。意思是一旦領略了語言文字所要表達的意境要旨，便能拋擲語言文字所帶來的種種制約，才能無所罣礙，得以逍遙自在。

人的生命自有其無限的可能性，因此對於一切的可能性必須予以尊重。荃是捕魚的工具，蹄是捕兔的工具。得魚忘荃，得意忘言，事成之後，就該忘卻藉以借力使力的成功手段條件。就好像言語是表達意義，意義溝通交流完成後，就該將言語忘在一邊，成就得道忘知的功夫。「哲學，是想用有限度的語言，去表達無限度的宇宙」，正是莊子對於自由與認知的堅持，其最終目的就在於消解人為的桎梏。思維的自由，也只有在人的精神獲得解放之後，才能得到真正的保障。唯其如此，人的意志才能優遊自在地翱翔於認知的天空，達於得道忘知之物我合一。

唱和呼應

♪改編自那英、王菲〈歲月〉

我為你留著一盞燈……浮浮沉沉。

♪改編後

匠石運斤成風為知音，
惠子相梁諷利功名猜忌醜態，
區分名實純邏輯思辨，
扣是齊等移情感知當下活潑自在，
一力辯，一求真，
一巧辯，一超然，
蔽於知，得其道，
惠施莊周。

> 為尊重及保護著作財產權，僅列出改編歌詞的曲目、主唱者及頭尾歌詞，方便讀者自行查找改編處。

第二章　樗櫟之材

1. 周將處材與不材之間

莊子行於山中，見大木，枝葉盛茂，伐木者止其旁而不取也。問其故，曰：「無所可用。」莊子曰：「此木以不材得終其天年。」夫子出於山，舍于故人之家。故人喜，命豎子殺雁而烹之。豎子請曰：「其一能鳴，其一不能鳴，請奚殺？」主人曰：「殺不能鳴者。」明日，弟子問於莊子曰：「昨日山中之木，以不材得終其天年；今主人之雁，以不材死。先生將何處？」莊子笑曰：「周將處夫材與不材之間。材與不材之間，似之而非也，故未免乎累。若夫乘道德而浮游則不然，無譽無訾，一龍一蛇，與時俱化，而無肯專為。一上一下，以和為量，浮游乎萬物之祖。物物而不物於物，則胡可得而累邪！此神農、黃帝之法則也。若夫萬物之情，人倫之傳則不然：合則離，成則毀，廉則挫，尊則議，有為則虧，賢則謀，不肖則欺。胡可得而必乎哉！悲夫，弟子志之，其唯道德之鄉乎！」

《莊子・山木》

故事引導：材與不材VS.無用之用

莊子在山中行走，見一棵樹長得非常高壯，枝葉十分茂盛，伐木的人停留在樹旁卻不動手砍伐。詢問他們原因為何，答道：「這棵樹並沒有什麼砍伐價值可言。」莊子說：「這棵樹正是因為不具成材的要件，反倒能夠獲得終享天年的價值啊！」莊子離開山後，留宿在朋友家中。朋友因為開心，命童僕殺鵝作為款待。童僕請示道：「一隻鵝會叫，一隻鵝不會叫，請問該殺哪隻宴客為好呢？」主人答道：「殺那隻不會叫的。」隔天，弟子惑問莊子：「昨日看見山中的大樹，因為不成材而得以終享天年；可如今主人的鵝，卻又因為不成材而反被殺掉。依老師所見，您將在成材與不成材這兩者之間，處於哪一邊為好呢？」

莊子笑答：「我將處於成材與不成材之間。處於成材與不成材之間，好像合於大道，卻又並非是真正與大道契合。左右搖盪，這樣並不能免於拘束與勞累。假如能順應自然而自由自在地優遊其中也就不是這樣的了。沒有讚譽，不加詆毀；時而像龍一樣騰飛，又時而像蛇一樣蟄伏；跟隨時間的推移與之變化，不偏執於某一方面；時而進取、時而退縮，一切以順勢作為度量，優遊自得地生活在萬物的初始狀態。役使外物，卻不被外物所役使。如此一來，又怎麼會受到外物的拘束和勞累呢？這就是神農、黃帝的處世原則。至於那萬物自然的實理，人事變化的過程可就不是這樣了。有聚合也就有離散，有成功便有毀敗；棱角銳利就會遭受挫折，尊顯就會受到傾覆，有為就會受到虧損，賢能就會受到謀算，而無能也會受到欺侮，又豈能去偏執於某一方面而斷加依恃呢！唉！弟子們記住了，處世若要免於物累，只能是在道德的境界中逍遙啊！」

為什麼莊子要學生們記住「其唯道德之鄉乎！」而莊子所說的「道德之鄉」，所指涉的究竟又是什麼呢？道家所謂的「道」指的是天道運行，所謂的「德」是天真本善。天生萬物，天道蘊含於萬物，萬物與生俱來天真本善，所以人才能夠回歸天道本德而與天地共生同在，也因此才能夠「乘道德而浮游」，逍遙出你喜愛中的喜愛，浮游出你價值中的價值。

電影《無問西東》中，清華學子吳嶺瀾和老師梅貽琦之間的師生對話至今仍令人印象深刻。

師：讀書為何？只知讀書是對的。

師又問：你英文、國文都是滿分，物理卻是不及格，為何棄文科而選理科呢？只覺得理科更有用些。

師再問：「什麼是真實？」「你看到什麼、聽到什麼、做什麼、和誰在一起，有一種從心靈深處滿溢出來的不懊悔，也不羞恥的平和與喜悅，那便是真實。」

老師梅貽琦循循善誘、意味深長的談話，以及泰戈爾訪華的內心觸動。讓身處迷霧之中的吳嶺瀾開始認真的審視自我，思索生命的意義。面對真實的巨大力量，讓他頓悟了自己想要的是什麼，完成了棄理從文的抉擇後，終於拋開長期桎梏心靈的枷鎖，獲得忠於內心真實的人生方向。

《無問西東》，這個「無問」很有意思，顧名思義就是要你不要瞎問，不要人云亦云，不要盲目追尋，不要群眾流行。而是要你停下來，去觀照、去思索、去面對、去找尋最真切的自己。管他西東前後，還是東邪西毒，儘管聆聽自己內在的聲音，面對心底最真實的想法；即便最後是南北左右，也不要忘了要忠於自己的目標，從而邁出屬於自己的無悔人生。

身處在無邊界之變幻莫測的世界中，如何因應世局，找到自我安身立命的存在價值，「周將處夫材與不材之間」確實是一個大議題、深智慧。因為啊，從來就沒有僅僅運用一種思想、一個信念、一項觀點便能穩當地行遍江湖，安適無虞。什麼是有用？什麼又是無用？不同的個體，相異的家庭、性向、才情、好惡、機遇、時代……等等，要做出理智的判斷，精確的衡量，的確是存在處境選擇兩難的人生課題。即使當下看似的「熱門」光景，倘若心中並無真切湧動的執愛，一味地盲目追逐，不知所以然而然的孜孜矻矻，徒湊熱鬧的青春年少，終究會在萬念俱灰的頹敗中喪失了熱情；反觀即便是大家聞之色變，不屑與之同列的「冷門」，但只要心中持續澎湃，付諸行動不氣餒的去堅守，深信再嚴峻的失落考驗，還是能夠擁有真實美好的叩門機會。

「無」掉了有心、有知、有執，「無」掉了有用、有為、有欲，無垠無際，無限寬闊，無入而不自得，不管到哪裡都沒有不自在快樂的地方，那樣的處境，如此的智慧，便是莊子所謂的「其唯道德之鄉乎！」了。

只有真真實實的做自己，才能活潑的自信自在。發覺自己的存在意義，找到自我的生命價值。

2. 無何有之鄉的自在逍遙

原文對焦

惠子謂莊子曰：「吾有大樹，人謂之樗。其大本臃腫而不中繩墨，其小枝捲曲而不中規矩。立之塗，匠者不顧。今子之言，大而無用，眾所同去也。」

莊子曰：「子獨不見狸狌乎？卑身而伏，以候敖者；東西跳梁，不避高下；中于機辟，死於罔罟。今夫斄牛，其大若垂天之雲。此能為大矣，而不能執鼠。今子有大樹，患其無用，何不樹之於無何有之鄉，廣莫之野，彷徨乎無為其側，逍遙乎寢臥其下。不夭斤斧，物無害者，無所可用，安所困苦哉！

《莊子・逍遙遊》

樗：落葉喬木，皮粗而質劣，俗稱臭椿樹。
擁腫：肥短而不正。擁，同「臃」。
中：適合。
獨：難道，豈。
狸狌：野貓和黃鼠狼。
敖：閒遊。
跳樑：跳躍。
不辟：辟，同「避」。
機辟：一種捕捉鳥獸的機關。
彷徨：隨意徘徊，逍遙自得。

語譯對應

惠子對莊子說：「我有一棵大樹，人家都叫它臭椿樹。它的樹幹臃腫，無法以繩墨取直；樹枝因為彎曲，而不合規矩。長在路邊，木匠連看都懶得看它一眼。現在你說什麼大而無用，大家都不會理睬你而紛紛離棄啊！」

莊子說：「你難道沒見過野貓和黃鼠狼嗎？牠們卑伏蜷縮著身子，伺機捕捉經過的小動物。東跳西躍，靈活自在；不避高低，卻往往踏中了機關，死於網羅陷阱之中。再看看那隻犛牛，龐大的身軀就好像垂掛在天邊的彩雲一樣，雖然體型如此地碩大，卻是連捕捉一隻老鼠的能力也沒有。

現在你擁有了這麼樣的一棵大樹，居然還憂愁它毫無用處，為何不把它種在寬曠無人的鄉間、廣闊無邊的原野，愜意無憂地在樹旁閑晃，優遊自得地在樹下躺臥著呢。它既不受斧頭砍伐，也沒有任何東西來毀害它，都說是無所可用了，又有甚麼好勞神操心的呢！」

本文點出世俗之人都受困於有用無用的刻板思考，反而無法見到全然生命的真實樣貌，彰顯生命最適切的「大用」。所謂的「樗櫟之材」，後人便是用來諷喻無用及不才的人。

惠施以為樗樹大而無用。莊子則認為樗樹的有用之處就在它的無用。因為無用，從不受人關照青睞，自然不會遭人排擠，免於砍伐的災難，豈不活得真切自在？莊子還以「狸狌」和「犛牛」為例，說明無論大小之物，均有其功能及限制，端視是否適得其所，運用得當。所謂「有用」，也許僅是自我一廂情願認知的「小用」。而拋開僵化的我執，這樣的無所可用，反倒能夠頤養天年，逍遙快活。

如此觀之，無用之用，方為大用。

反思討論

狸狌：小而靈巧，陷於罔罟。
斄牛：大而多能，不能執鼠。
樗櫟：大而無用，快意逍遙。

天生我材必有用。
無用之用是為大用。
沒有用不到的經驗。

野貓和黃鼠狼，靈巧輕盈，聰明善變，行走江湖看似遊刃有餘，可一山終究一山高，還是躲不過牠們善於應對的天羅地網。而關於斄牛，看來無所不能的威猛巨大，卻連捕獲一隻小老鼠的能耐也沒有。反觀我們認為大而無用的樗櫟，表面無用，卻可頤養天年，讓人在處在無何有之鄉的自在天地中，而快意自適地逍遙乎寢臥其下。

由上觀之，「天生我材必有用」，每個人都有他存在的價值和特殊性，端看你怎麼取用，如何運用。世人認為的有用，如果換個角度來看，也可能變成無用；同理視之，表面看似全然的無用，再換個觀點給出機會，或許能夠成為意想不到的大用。「無用之用是為大用」，所以看來有用無用、大用小用，皆毋庸自大，亦無需自卑。如同樗櫟，因其大而無用，卻因物無相害，才能夠安享天年，任意逍遙。

心境豁達，看破局限，觀小處大，不以形式上的大用而忽略了內容裡的小用，畢竟「人生沒有用不到的經驗」。一個人要瞭解自己的限制，才能發揮自己的能力。不盲目追尋特定的有用，因為特定的有用，過了此時此地，誰也說不準是有用了。「有用」二字，存在著針對性，對眼前的大用，並不保證將來的有用。想方設法、傾盡全力奔逐追求自以為是的人事物，反倒困住了待振高飛的自己。

「不識廬山真面目，只緣身在此山中。」。基於內在的初衷與外在的協調，重新認識自己。以宏觀角度著眼，拋開局限，轉換視角，卻顧所來徑洞視的能力與豁達的工夫。如此，視得到哪裡皆自在快樂的「無何有之鄉的自在逍遙」況味，才能免於惶惶不安而迷失於山窮水盡之中。

3. 一次性給足，亦或是一步步開顯？

精神主旨

泯除物用成心，順應自然，
讓心靈達到物我合一的境界，
才能是真逍遙。

說到了本章關於「樗櫟之材」的精神主旨，莊子認為我們不必過度去強調無用的價值，從而彰顯出有用的限制。人生在世，天生萬物，各有其難以劃一標準的巧妙價值。不要用主觀的成見去扭曲了物物各自美好的生存空間；不需用偏狹的定義去戕害物物各自活潑的本善初衷。消彌個人成見，泯除物用成心，順應自然，還其各自的天真本色，讓自己成為自己，心靈得到充分的滋養與啟發，達到了物我合一的境界，才能是暢快意，才算得上是真逍遙。

每當教授到「樗櫟之材」這個單元時，我總會以多年前日本的感人廣告：「人生不是馬拉松！」這個視頻來試圖啟發我的學生們，而這支短片，的確也帶給學生內心不小的衝擊與感動。影片的內容是這樣的：

今天也是按照慣例的繼續跑步，而每個人都是屬於自己的一個跑者。時鐘無法暫停，時間滴滴答答地往前走而不停地流逝著，這是一場無法回頭的馬拉松比賽。一邊跟著對手競賽，同時在時間的直道上，我們將不斷地奔跑。想要跑得更快，一步步的前行著，堅信著前方將有美好的未來。前方，肯定會有著屬於自己的終點的。

因為，人生就是一場馬拉松。

但是，真的是那樣嗎？人生就真只是那樣的一個被規定制式的東西嗎？

不對，不對，不是這樣的，也不該是這樣的，這其中肯定是有問題的。人生，絕不是馬拉松！而如果可以不是這樣，那麼，誰能告訴我，這場比賽是誰訂的？終點又是誰訂的？該跑去哪裡才對？該往哪邊跑才正確？可不可以走出屬於自己的路？能不能有專屬於自己的路？這樣的路，可以有嗎？真的有嗎？

我不清楚，也一無所知。我們所未知的世界，大到無法想像。沒錯，既然如此，偏離正軌吧！迷惘著、苦惱著、痛苦著跑，一往無前的跑到最後。即便是失敗了也好，走多了迷途彎路也罷，不用非得和誰比較，因為路不只一條，終點也不僅僅一個，有多少路就有多少種可能，有多少人就有多少樣選擇，目標絕非是畫地自限的一致的。

如此不一般的人生各自精彩！誰說人生是馬拉松的！

是的，一如橡樹和種子的關係。舉例言之，我們在看一個橡樹的種子，我們如何去理解它在屏除外力干擾之際（如：被鳥啄食，暴雨侵蝕……），得以順利的發揮它的成長而使之成為橡樹的。

假使在沒有外力的介入干擾之下，這顆種子的「潛能」便註定是且也只能是成為它的「實現」。問題是這棵橡樹種子唯一的「潛能」是什麼？想當然爾，當然是成為橡樹。成為橡樹便是這棵橡樹種子唯一的「實現」價值。一個事物必然是順著它的本質去發育、去成長、去完成的，所以它也只能由橡樹種子發展成為橡樹，而無法成為別的，也不允許是別的。

反之，做為一個人則不同。如果我們強調每個人是可以被允許在動態中完成的，能夠容許個人有所謂創造性的空間變化和價值餘地，這樣屬於一個人的獨特概念更能突顯出一種文化層面的活潑意含。因為人是可以在經由教養、美化、善化的過程中，而容許有著個別差異性的存在發展，而非僅是突顯出如橡樹和種子的那樣狹隘單一封閉的依附關係。

《老子》中所言的「大成若缺」、「大盈若沖」；天臺宗以「無住法為本」；金剛經以「因無所住而生其心」，這裡所說的便是開顯敞開的心。誰能予我抉擇最後最終的保證呢？答案是「沒有！」不停的注入生命源頭活水，以無保證為保證的向天地間敞開，即使無法做到兼善天下，就算僅能是獨善其身，最後的保證至少是初衷的自己，天真的自我。這便是人之所以異於他物，人之所以為人的多面性、豐富義的理趣。「周將處夫材與不材之間」，將是選擇成為了一個可以擷取，但又同時無法保障存有的可貴精彩性。

因此，作為一個人，成就一個人，究竟是要像橡樹種子一樣，安全無虞的一次性的給足呢？還是想要成就人之為人的價值，而有著活潑義、尊嚴性之一步步的開顯呢？

唱和呼應

♪改編自周杰倫〈聽媽媽的話〉

聽媽媽的話……溫暖中慈祥。

♪改編後

今子有大樹，患其無用，

何不樹之於無何有之鄉，廣莫之野。

彷徨乎無為其側，逍遙乎寢臥其下。

不夭斤斧，物無害者，

無所可用，安所困苦哉！

為尊重及保護著作財產權，僅列出改編歌詞的曲目、主唱者及頭尾歌詞，方便讀者自行查找改編處。

第三章　邯鄲學步

1. 醜態畢露之東施效顰

故事引導：知其然而不知其所以然

西施病心而顰其里，其里之醜人見而美之，歸亦捧心而顰其里。其里之富人見之，堅閉門而不出；貧人見之，挈妻子而去之走。彼知顰美，而不知顰之所以美。

《莊子・天運》

西施是越國的美女，因為心臟病痛的緣故，走起路來總是用手摀著胸口，緊皺眉頭。村裡有位長相奇醜的女人，見了西施皺著眉頭走路，別有一番韻姿。於是醜女回去後，也開始仿效西施用手摀住胸口，皺起眉頭之種種病態的嫵媚表情。於是，村裡的有錢人家見她這副德性，連忙緊閉大門不敢出來；窮人家瞧了她這副模樣，也趕緊帶著妻兒子女慌忙地躲開了。

知其然而不知其所以然，徒知事物的表面現象，卻不深究事物何以致此的本質及其產生的原因。那個長相奇醜的女人，只知道皺著眉頭甚是美麗，卻不明白皺著眉頭為何好看的真正原因，因而演變成了令人啼笑皆非的東施效顰。

愛美之心，人皆有之。但在學習別人的長處之前，是否應該以客觀理性的態度來審視自身的條件。分析情勢，揚長避短，讓自己優點得以發揮，並避開短處缺陷。

不顧自身條件，不知道他人得以顯現的長處為何，僅從表面功夫去做一味盲目的機械模仿，一廂情願的生搬硬套，畫虎不成反類犬的結果，只會弄得不倫不類，適得其反，更甚至是失其本領，醜態畢露，終將招致不可逆轉的譏諷笑柄。

故事引導：知其然知其所以然

以下取自前陣子網絡流行的勵志發燒對話。

老師問：有沒有人可以回答我「青蛙和癩蛤蟆有什麼區別嗎？」

學生答：「青蛙思想封建，不思進取，坐井觀天，是負能量；而癩蛤蟆思想前衛，竟膽敢想著吃天鵝肉，有遠大目標，是正能量。」到了最後，青蛙上了飯桌，成了一道可口佳餚；反觀癩蛤蟆卻上了供台，翻轉成為了眾所喜愛，能夠招財致富的「金蟾」。

所以呢，結論是：長得醜一點，根本不需要自卑害怕，關鍵是要能「想得美」。夢想也肯定是要有的，說不準萬一未來全都給實現了呢！

子獨不聞夫埳井之蛙乎？「謂東海之鱉曰：吾樂與！出跳梁乎井幹之上，入休乎缺甃之崖。赴水則接掖持頤，蹶泥則沒足滅跗。還虷蟹與科斗，莫吾能若也。且夫擅一壑之水，而跨跱埳井之樂，此亦至矣。夫子奚不時來入觀乎？」東海之鱉左足未入，而右膝已縶矣。於是逡巡而卻，告之海曰：「夫千里之遠，不足以舉其大；千仞之高，不足以極其深。禹之時，十年九潦，而水弗為加益；湯之時，八年七旱，而崖不為加損。夫不為頃久推移，不以多少進退者，此亦東海之大樂也。」於是埳井之蛙聞之，適適然驚，規規然自失也。

《莊子．秋水》

以上便是我們所熟悉的成語：「井底之蛙」。故事的原型是什麼呢？意思是在一口淺井裡住著一隻青蛙。某天，青蛙在井邊遇見了一隻從東海來的大鱉。青蛙很是興奮，得意的對大鱉說道：「我住在這裡可快樂的呢！心情愉悅時，就在水井欄邊蹦蹦跳躍；疲倦乏累，又能夠靠在破磚邊上休息；在水裡游泳就浮起我的雙臂，托起我的兩腮；踩在泥漿裡，泥又迅速地淹沒我的腳背。回頭看看井裡面的那些赤蟲、螃蟹和蝌蚪，誰也比不上我優遊自在的快樂。因為啊，我可是獨佔一坑水，盤踞這口井的主人呢。大鱉先生，你何不進來瞧瞧並真切地體會一下呢！大鱉聽了青蛙的話，倒真是心動的升起想進去一探究竟的念頭。可牠的左腳都還沒有整個伸進井裡，右腳就已經被絆住了。踉蹌後退了幾步之後，接著，大鱉把關於大海的情況跟青蛙說道：「你可見過大海？海的遼闊，何止千里？海的深度，何止千丈？夏禹之時，十年有九年水災，可海平面並沒有因此而上升；商湯之時，八年裡有七年旱災，而水位也並沒有因此而下降。可見海水是不受水旱災時間長短的影響而改變水量的增減。住在那樣浩瀚的大海裡，才是真正帶給我前所未有的快樂呢！」井裡的青蛙聽了大鱉的一番話語之後，突然神色驚慌，面紅耳赤，尷尬羞愧到不知所措。

永遠不要以為自己能看到的最高處就是天空，這便是《莊子・秋水》中所說的「井蛙不可以語於海者，拘於虛也。」你千萬不能和住在井底的青蛙談論大海，因為牠早已被那狹小的生活環境所局限住了。

反觀身上佈滿噁心黏膜且長相醜陋不堪的癩蛤蟆。傳說為廣寒宮裡的三足蛤蟆，能口吐金錢，富貴自足，可以裝飾避邪，並有「吐寶發財，財源廣進」、「家有金蟾，財源綿綿」以及民間俗語「得金蟾者必大富」的美好寓意。所以癩蛤蟆才被逆轉成是財富的象徵，受人供奉，上了供台而被美化為「聚財金蟾」。

又，生活在井裡的青蛙和井外的癩蛤蟆，若是同時眼望漫天飛舞的天鵝，依著生存空間作為推測聯想，不難發現，身處狹隘密閉空間的青蛙除了只能無動於衷的「望鵝興歎」之外，怕是不能再有其任何驚人之舉了吧！反觀在井外的癩蛤蟆，不必有井底之蛙必須得安於密閉現狀的開放狀態，雖然癩蝦蟆和天鵝間的距離遙遠，卻不妨礙能夠擁有蠢蠢欲動之「垂涎三尺」無限延伸的想像空間。

青蛙和癩蛤蟆這篇勵志對話文章雖然令人捧腹，但思維角度獨到，可與變動中的現實相互呼應。這則寓言告知我們不要僅是一枚遠遠觀望就做出臆斷的人；不要尚未付諸行動就告訴自己不行、不能夠、不可以。人生貴在行動，不僅要有行動的目標，知道事物的表面現象，更要把握事物的本質及其產生的原因。知其然知其所以然，勿盲目崇拜別人，要有與眾不同的見解，有遠大目標的正能量，才會激發出對生活的熱愛，展現出人生的價值與美好。

2. 邯鄲學步，失其故步

原文對焦

且子獨不聞夫壽陵餘子之學行於邯鄲與？未得國能，又失其故行矣，直匍匐而歸耳。

《莊子·秋水》

壽陵：燕國地名。
餘子：少年。
邯鄲：戰國時趙國的都城，故址在今河北省邯鄲市。
故行：原來的步法。
匍匐：手足伏地爬行。

語譯對應

你難道沒聽說過，燕國壽陵少年學習走路的故事嗎？因為羨慕趙國邯鄲人走路的俊美姿態，所以前往學習。結果不但沒學成邯鄲人走路的俊爽本領，反倒連自己原來的步法都給忘了。最後，竟落得只能尷尬落荒地爬著回去。

這裡取自戰國名家公孫龍和魏國公子魏牟的一段對話的結尾部分。公孫龍認為自己通達事理，博聞善辯，能融通儒家，把握名家。但當他聽到莊子博大精深的言論時，卻是屢感困惑，無法理解。於是請教於魏牟，是否因為自己的學養不足而導致茫然如此呢？有趣的是，公孫龍在這裡所諮商請教的魏國公子魏牟，其實正是文中莊子在此篇的代言化身。化身為魏牟的莊子，逕自的往臉上貼金就算了，還以魏牟之名，保全道家之名，來抨擊儒家名家之實，作為各種滑稽辛辣的諷刺。

魏牟認為公孫龍就好似隻見識淺薄，眼界狹小的井底之蛙，難怪無法通曉莊子說道的玄妙之處。因為莊子博大精深，高深莫測的論道境界，絕非只是知其一而不知其二的公孫龍的能力所能體悟駕馭的了的。因而勸諫公孫龍別再試圖探求，免得到了最後，非但不能學得莊子的學問精妙，反而連自己仗勢熟稔的優勢辯論都給喪失掉了。這就好比是燕國壽陵的少年，因為羨慕趙國邯鄲人走路的俊美姿態，所以前往學習。結果不但沒學成邯鄲人走路的美姿本事，反倒連自己原先的步法都給忘了，落得最後，只能是尷尬落荒地爬著回去了。

後來「邯鄲學步」的這句成語就是從這裡演變而出的。用來比喻模仿別人不成，反而將自己原有的技能給拋丟掉，失去了原來的自我。這個寓言故事並不是要我們不努力學習，不見賢思齊。而是在學習仿效他人優點之際，用來藉此強化自我之時，是不是應該要好好的來面對自己的處境，審視自己的能力，並考慮適合自己各方面條件的方法和步驟。

孔子說過：中人以上，可以語上也；中人以下，不可以語上也。《論語・雍也》

天賦資質不同，學習成果效益當然截然各異。生搬硬套，胡亂模仿，不但學不到別人的長處，反而會把自己的優勢和本領也得不償失的給拋擲掉了。

如此一來的邯鄲學步，終究難臻聖境。

3.別讓世界的單薄，奪去生命的厚度

精神主旨

外化而內不化，不以俗事失其本真，

毋讓造作損其性命，勿用有限毀其無窮。

古之人，外化而內不化，今之人內化而外不化。與物化者，一不化者也。安化安不化，安之相靡，必與之莫多？

《莊子・知北遊》

人活在世間，其實就是外在體驗和內心感悟的兩個空間的世界。外在是有形可見的，是與眾人共同參與的世界；而內在便是指知情意之人類心理所感的活動世界。莊子在〈知北遊〉中說道：古代的人，外在的言行與世俗同化，內心卻保持著對道的清明與體認，而不放棄真我；反觀現代的人，內心迷惘善變，無法隨著外物的變化而與之因應變化。能夠隨物而做出適當變化的人，內心將能寧靜清

明，持守不變。化和不化皆能安然處之，能夠安然的和變動的外境相互襯應，以其內心不變來因應萬變，就可以合乎分寸以安適之適來參與變化。

所謂的「外化」，為因應時代環境的變動，在形式上能夠有著與時俱變的調整，隨著外物變化做出因應而與之變化；「內不化」，則是萬變不離其宗，對於喜怒哀樂的苦痛與歡愉，不需要刻意的送往，也不必沉湎的迎來，時時保持自我內心寂然不動的超越態度。儘管形式上變化多端，其本質目的不變，內心抱持著不變的信念及價值觀。

不讓紅塵俗事失掉了固有的本性本真，毋讓人為造作損耗了本源的真實性命，勿用有限拘泥毀傷了無窮的安適大用。安於時機並且順應情勢與之變化，哀樂之情就無法進入心中任由主宰。達爾文說過：能夠生存下來且生存最好的，既非最強壯，亦非最聰明，而是能對改變做出最佳反應的人。

眼前當下並非是個靜止永恆的世界，我們無所逃的都要也必須投入無法阻擋的造化流行當中。可千千萬萬別怪罪世界的單薄，奪去生命展延的厚度。既是身處在無法阻擋的能動過程，便要學著知變而後安變，用有無、變通、虛實這樣的一個變化和一體化，隨著環境變化發生隨之與時俱變、因時制宜，而不將不斷靈光乍現的變動予它固定下來。如此一來，才能更顯其邯鄲學步之哲學的超越勁道。

反思討論

如何在人的兩種選擇中，試圖做出安頓自己，認真生活並樂在當下的所有可能呢？

選擇成為自己	設法把握關鍵時刻， 不丟失本真的自我， 生命得到本質保證。
選擇不為自己	滿足大家期待。 不凸顯角色， 不張揚特色。 群眾流行， 外表如同， 吃喝一樣。 最後， 內心也化為一致了。

蘇格拉底曾經說過：未經審視的生活，是不值得過的。比如絕大部分的人都已經曾經或是正在，更甚至是即將要面對著經歷，且無所逃的擇系選科及就業問題。究竟是要因應當下主流情勢，遵從父母長輩意願，還是要順應兒女的志向興趣呢？有趣的是，大部分的人都傾向於成群結伴的邁向看似錦繡前程的康莊大道。不依其自我的選擇，便滿足了大家的期待。安安分分的跟著熱門潮流，群眾流行，不凸顯角色，不張揚特色，外表如同，吃喝一樣，欲求雷同。到了最後，內心也幻化為一致了。

然而，究竟是要當別人還是做自己，大部分人口中所說的做自己，說到底來還是不免做別人。看著他人擁有外在的功名成就，不免心生羨慕，起而效尤。但如果自身沒有與之匹配的優勢條件，獲得佳評的渴切動機，最後不僅當不成別人，還有著找不回自己的困窘尷尬。英國作家王爾德說過：「人生有兩種悲劇：一是得不到我所要的；二是得到我所要的。」因為得不到所希所想而椎心刺骨，是容易被理解的。可是為何已得到的所欲所盼，仍舊覺得是悲劇一樁呢？因為孜孜矻矻，日夜苦求終於得到手的結果，卻是晴天霹靂的發現，竟然全非初衷所願。付出了大半輩子，徒繞生命的大圈，才明白痛悟，竟選錯了方向。人生悲劇，莫過於此啊！

吾所謂聰者，非謂其聞彼也，自聞而已矣；吾所謂明者，非謂其見彼也，自見而已矣。夫不自見而見彼，不自得而得彼者，是得人之得而不自得其得者也，適人之適而不自適其適者也。

《莊子・駢拇》

我所謂的聰敏機智，指的不是傾聽紛雜的外物，而是傾聽沉靜的自我。我所說的明目洞察，指的並非是看清錯綜的外物，而是看見安恬的自己。只能是看清他人而無法觀照自身，只能是羨慕別人而不去肯定自我，這就成了一天到晚只想坐擁他人的一切所有，而無法滿足自身的已有，貪戀他人的安適而不求自身安適的人。

十年河東，十年河西的風水輪流轉。以無保證為保證，以其變動為其不變。現在的熱門誰又能保證熱門的永遠，當下的冷門誰又曉得何時會來個華麗的逆轉。每個人都想告訴你該做什麼，你能成為什麼，可也只有你自己能決定自己要做什麼。你若不是真心喜愛，不必風雨來擾，毋須困頓考驗，依舊搖擺，永遠不安；你要真心喜愛，你才願意付出，風雨迎難亦無怨無悔。就算是全天下不看好的冷門，也是專屬於本人我獨一無二的熱門。做自己會很辛苦，但不做自己會更痛苦。不要拿著別人的標準來框定自己的人生，不需要別人來給我們的人生下定義。別人所謂的為你好並不一定適合自己，別人所說的理想也不見得就是我們想過的人生狀態。過怎麼樣的生活，希翼的幸福是什麼，只有你自己最明白。

勿盲目崇拜別人，不削足適履模仿他人，要有與眾不同的見解。而如何能夠選擇成為自己，發揮自我的獨特性呢？設法把握關鍵時刻，拿回生命的主導權，不丟失本真的自我，盡其在我的成就自信，生命才能得到本質的滋養保證。如此一來，深諳自我生命價值的你，將不再被別人的公眾價值給牽著鼻子走；同樣的，也不會再讓全世界的單薄，來奪去你能夠盡情延展的生命厚度。

唱和呼應

♪改編自兒歌〈王老先生有塊地〉

王老先生有塊地啊，
伊阿伊啊呦，
他在田邊養小鴨啊，
伊阿伊啊，
這裡呱呱呱，那裡呱呱呱，
到處都在呱呱呱，
王老先生有塊地，
伊阿伊啊呦。

♪改編後

且子獨不聞夫壽陵餘子之，
學行於邯鄲與，
未得國能，又失其故行矣，
直匍匐而歸耳，
夫壽陵餘子，學行於邯鄲，
未得國能，又失其故行矣，
夫壽陵餘子之，學行於邯鄲與，
直匍匐而歸耳。

第四章　蝸角之爭

1. 別有天地的退讓哲學

故事引導：讓他三尺又何妨

千里送書只為牆，讓他三尺又何妨。
長城萬里今猶在，不見當年秦始皇。

六尺巷是安徽省桐城市的一處歷史名勝。康熙年間，張英（一六三七－一七〇八）為清朝大臣，在京城做大官，人稱「張宰相」。某一年，張英的家人欲重修府邸，因院牆蓋到了鄰居的地界而與鄰居發生衝突。鄰居認為是張家仗勢欺人，於是和張家爭執，不願相讓，並表示「寧可家破人亡，也要寸土不讓」。雙方僵持不下，積怨一觸即發。

於是，張家趕緊寫信給在京為官的張英，希望藉由權位，干預此事，速讓當地官府幫其家人撐腰。張英收到信之後，隨即回詩一首：

千里送書只為牆，讓他三尺又何妨。長城萬里今猶在，不見當年秦始皇。

張英家人收到信之後，原本不能理解張英的做法，反復吟誦，意識到「自家地基退小步，鄰里關係進大步。」遂也頓悟出張英苦心期望家人能夠克己處事並大度做人的深長寓意。於是，當下決定將院牆向後退讓三尺。鄰居得知後，深深感動於張英的大度禮讓，也將自家的宅院主動後退三尺。如此一來，兩家之間便空出了六尺寬的巷子，六尺之巷亦因此而得名。後來，這事被廣為傳頌，成就了「爭一爭，行不通；讓一讓，六尺巷。」的順口溜佳謠。康熙皇帝聽聞此事，敕立牌坊以彰謙讓之德。現存在當地的牌坊，其實是一九九九年於故園重修時依舊制重建。

張英身為當朝宰相，可謂一人之下、萬人之上，卻不倚仗權位，仗勢欺人，說服家人先行退讓，忍得一時氣，免得百日憂，為後人樹立良好的典範。《道德經・二十二章》：夫唯不爭，故天下莫能與之爭。正因為不與人爭，所以天下沒有人能與他爭。生活並非戰場，無需一較高下。人與人之間，磕碰摩擦在所難免，彼此互諒互讓、理解包容，便能化干戈為玉帛。反之，蠻橫無理，貪圖近利，不考慮客觀情況，結果肯定是適得其反。

「鄰里好，賽金寶。」從爭到讓，其六尺之寬非寬在六尺，而是寬在心靈境界的高度及禮讓精神的美德。「長城萬里今猶在，不見當年秦始皇。」百年之後，物換星移，人事全非，又何苦貪一己之便，當下苦苦相逼，攪得人心崩離呢！正己修行，謙讓多福，有德少禍，才能繪出人生的天地廓寬，活出人生的天高白雲。

故事引導：退後原來是向前

手把青秧插滿田，低頭便見水中天。
心地清淨方為道，退後原來是向前。

心無雜念專注著插秧，不經意低了頭，赫然發現，除了浩瀚無窮的大千世界之外，水中之天如鏡，其境別有天地。低頭所見水中倒映的天空，竟是一片片澄淨幸福的藍天。「手把青秧插滿田」中的「田」實際上指的是人所獨有的「心田」。每個人的心裡都住著一畦田地，辛勤播種插秧的同時，只要眼、耳、鼻、舌、身、意六根，不被外面的色、聲、香、味、觸、法六塵沾染，時時自覺警悟，保持心地清淨，讓本性清澈顯見，隨處自然而順應因緣，這便是道，即是修行。

心地清淨便是要讓六根清淨，不受感染誘惑。六根指的是六種感覺器官，亦即感知能力。眼乃視根，耳為聽根，鼻是嗅根，舌乃味根，身為觸根，意是念慮之根。眼、耳、鼻、舌、身、意六根稍被熏習感染，便會對人世間的浮名現象盲目追逐，自製欲望不圓滿的因緣，產生輪回不止的苦果。「愛可生愛，亦可生憎；憎能生愛，亦能生憎。」所以佛教言愛道憎，恰若一體兩面之手心手背。愛之愈深，則憎恨之可能愈強，乃至折騰不止、至死方休。

人類究竟為何有著種種苦痛煩惱和萬千不幸呢？導致眾生生死輪回的根本原因又是什麼呢？該用何種途徑才能達到徹底覺悟，擺脫生死苦惱？相信布袋和尚《插秧歌》末句的詩偈中所揭示的「退後原來是向前」，便能作為最佳解答了。稻田中的農夫，邊插著秧苗邊移身後退，身似退後卻眼望無際、心透無垠。正因如此，才能將其秧苗逐後完成。末句借著以退為進的插秧動作，一如謙讓的處世哲理，退一步的海闊天空，不執拗的豁然開朗。結實累累彎腰的金黃稻穗，不時地以美麗謙卑的姿態告訴我們：青青一秧苗，進退皆法身。

很多時候，退讓或隱忍並非全然的消極悲觀，反倒是樂觀積極的挺進。與人相處，計較利害得失，相互排擠詆毀，不僅於事無補，反恐添增災難。若以退後一步的精神來反思不足、打造氣性，將貪得無厭的心念化成慈悲舍喜的心境，陋習姿態轉為謙卑心態。如此一來，不僅能感同自己的痛楚，亦能身受他人的疾苦，對於所有不幸之人，皆能寬容理解，便是待人處世的最高表現。

低頭插秧，清淨是道；後退一二，前行千萬；看似無為，實則大為。人身難得今已得，只有當我們的身心不再為外界物欲牽引，從人世間暫時的假有，過渡到滄海桑田的真空，體會生活況味，頓悟離苦得樂，方是修行上乘。

2. 蝸牛角上的生命張力

原文對焦

惠子聞之，而見戴晉人。

戴晉人曰：「有所謂蝸者，君知之乎？」曰：「然。」

「有國於蝸之左角者，曰觸氏；有國於蝸之右角者，曰蠻氏，時相與爭地而戰，伏屍數萬，逐北旬有五日而後反。」

君曰：「噫！其虛言與？」

曰：「臣請為君實之。君以意在四方上下，有窮乎？」君曰：「無窮。」

曰：「知游心於無窮，而反在通達之國，若存若亡乎？」君曰：「然。」

曰：「通達之中有魏，于魏中有梁，于梁中有王。

王與蠻氏，有辯乎？」

君曰：「無辯。」

客出而君惝然若有亡也。

《莊子・則陽》

戴晉人：梁國賢人。

逐北：追剿敗北逃亡的軍隊。

辯：同「辨」，分別。

惝然：悵然，失意不悅的樣子。

語譯對應

魏瑩（魏惠王）與田侯牟（齊威王）訂約結盟，可齊威王卻違背了盟約。魏王盛怒，打算派人去刺殺他。主戰派的公孫衍將軍聽說了後，感到非常可恥，便對著魏王說道：「您是萬乘大國的國君，卻用尋常匹夫的方法報仇。我請求率領二十萬披甲士兵，為您攻下齊國，俘虜他的人民，掠取他的牛馬，讓他因恚恨而背生癰疽，藉此消滅他的國家。迫使齊將田忌望風出逃，再生擒他，鞭打他的後背，折斷他的脊樑。如此一來，才稱得算是泱泱大國的風度，光明磊落的做法。」

主和派的季子聽了公孫衍的做法，同樣感到可恥，並說道：「譬如要修築十仞高的城池，已經完成了七仞之高，卻又毀壞它，這可是服役之人辛苦勞動的成果。可如今現已七年沒有戰爭了，這可全是大王的基業啊！公孫衍根本是個愛挑撥離間的人，千萬別聽信於他而發動無謂的戰爭啊！」

華子聽了之後，更是表示了替他們感到不恥，說道：「鼓吹攻打齊國的人，是好戰之人；主張不要攻打的人，同樣也是個好亂之人；然而像我一樣，議論著攻打與不攻打來攪亂人心的人，一樣都是一個好戰好亂之人。」魏王聽後說道：「照你這樣說來，那麼究竟該如何是好呢？」華子答道：「君主但求自然之道便可。」

不久，惠子聽說了這件事，便將戴晉人引薦給魏王。戴晉人對魏王說：「有一種叫蝸牛的小動物，您知道嗎？」魏王說：「知道。」戴晉人接著說：「有個國家建在蝸牛的左角上，人稱觸氏；另一個國家建在蝸牛的右角上，人稱蠻氏。兩國雙方經常為了爭奪地盤而挑起戰禍，遭滅而倒伏在地上的屍首就有數萬之多，戰勝者追逐戰敗者往往十天半月才撤兵返回。」魏王說：「唉！這都是空穴來風、子虛烏有的說法吧！」

戴晉人說：「且讓我為您慢慢道來，一一求證吧。依大王之見，四方上下可有窮盡？」魏王答：「當然是無窮無盡。」戴晉人接著說道：「若是知道自己的心思能在無窮無盡的境界中奔騰遨遊，那麼再回過頭折返人間，看看所到之處皆是舟車通達的國家，是不是感到若有似無、難以捉摸呢？」魏王說：「沒錯！」戴晉人又說：「在這舟車通達之處有個名之為魏國的國家，在魏國之中有個大樑城都，在這大樑城都之中又有一國君。那麼試問：此一國君和那蠻氏相較，有分別嗎？」魏王說：「沒有分別。」

戴晉人辭別離去後，魏王心中恍惚，悵然所失。

兩國結盟，一方背約，原是外交問題，若事態嚴重，便會演成一發不可收拾的軍事紛爭。「蝸角之爭」又叫「蠻觸之爭」，用來比喻所爭的事物極其微不足道。莊子在文中借用這隻看似不足輕重的蝸牛，而建立在蝸角上眇乎小哉的兩國，為了一己私利，總在一些無意義的事物上錙銖必計、費心爭奪、互不相讓，非拼個你死我活不可。東邊嚷嚷要吞併西邊之際，弄得生靈塗炭、屍橫遍野。是否真切想過自己根本僅是蝸牛角上的一個微乎其微的可悲小國呢？

多一座城，少一個郭，在整個浩瀚宇宙看來，真是太過渺小，太微不足道了。就算多爭了一些土地，其價值意義又何在呢？善於說喻的戴晉人適時提點魏王，何苦為了蝸牛上的那一小角去大動干戈、殺伐攻略，迫使大家陷入了硝煙彌漫的戰爭苦楚之中。若能將眼光放長看遠，便不會計較成敗恩怨。所幸魏王能在悵然若失之中，參透得失，領悟到欲求其道仍須依道而行之大道真理。而何謂自然之道，依道而行呢？就是行之而成的自然真實，將自己安放在道的境域之中，對存在價值給出肯定，從不斷地勤修行、能堅持、肯實踐中將其道自自然然行之而成。

以人類角度觀之，站在廣闊無垠的宇宙俯瞰地球，人在宇宙之中不也如太倉稊米、滄海一粟一般；爭鬥不休的國家民族間的戰爭，又何嘗不是蝸牛角上的廝鬥呢？換言之，與無窮的大千世界較之，我們僅不過是蝸牛角上的小國寡民。所以，當我們汲汲營營去爭取擁有更多的權勢名利時，是否認真思索過這些東西，不一定能讓你的人生變得更有價值和意義。相反的，卻極有可能為你帶來意想不到的傷害和災禍。

從一百層樓俯瞰，全是美景；但若自二樓下望，都是垃圾。人若缺乏格局，眼見的離不開雞毛蒜皮。螻蟻心態，再小的石頭皆是障礙；雄鷹姿態，再高的山峰都能嘗試。換言之，如何成為有高度遠見的人，是歲歲年年必備的昇華寶典，而非年年歲歲怨己的煩惱挫折。尤有進者，小鼻小眼小偏心，任何小事皆大事；識大量大心寬大，任何大事全小事。出生、讀書、就業、家庭……等等，是每個人都必須面臨進退且無所逃的人生抉擇。試著不因成王敗寇喪失本性，不讓榮辱得失紊亂自我，不為蠅頭小利自尋煩惱。忍一時則風平浪靜，退一步則海闊天空。心胸寬闊，有容乃大，活得瀟灑自在，看透人類渺小，便能笑納渺小。歷史很長遠，人生好短暫，豁然開朗，與世無爭，笑看蝸牛角上的生命張力，盡情揮灑生活的能量，即便不足，即使有憾，都是美好。

3.放下是福，知止而安

蝸牛角上爭何事，石火光中寄此身。
隨富隨貧且歡樂，不開口笑是癡人。

精神主旨

大肚能容，容天下難容之事；笑口常開，笑世間可笑之人。人生在世，如寄蜉蝣於天地，渺滄海之一粟。就算功成名就，只是蝸牛角上的爭奪；縱使富貴百年，不過石火光中的一瞬。「蝸牛角上」和「石火光中」是何等的眇小短暫？可即便如此，身處紅塵，窮究一生，人心不足蛇吞象，大有競相馳騁於追名逐利而樂此不疲之人，求之不得又心有不甘的恚嗔悲戚之客。

白居易這首《對酒》，正是嘗盡人生酸甜苦辣後的深刻體悟，亦可為本文的精神主旨。「人生得意須盡歡，莫使金樽空對月。」。面對世態炎涼，短暫人生，應當及時行樂，享受當下，而不該費盡心思，捨本逐末，把珍貴的時光浪擲在血本無歸的爭名奪利之中。百味人生，難免殘缺；打開心牆，接受遺憾。與其執著有無，愁雲慘霧，哭喪著臉，何不隨富隨貧，隨遇而安，微笑面對，泰然處之。貪婪是幸福的天敵，世間無論一切事，轉一現間皆曇花。既知須臾，所爭為何？想獲幸福，何不歡欣？放下是福，方能知止而後安；知足常樂，才能自在又逍遙。

大多人習於成就歲月的戰奴，跟在時光背後瞎逞盲鬥，遺落了追求的初衷，迷失了擁有的淡定。掌聲烘托的虛榮，鮮花環繞的榮耀，不過一場發生在蝸牛角上的爭鬥，不過鏡花水月，不過海市蜃樓。朝如青絲暮成雪，青春恰似光掠影，繁榮浮世轉瞬逝，一切榮辱成敗、興衰得失，不過煙雲過眼罷了。有時缺憾是一種美，隨性更能怡情，過於精緻，過分完美，反倒要驚心度日、難容安寧。有些人處風雨飄搖仍笑看風景，有些人擁豪宅金屋卻道不快。既然我們都是微塵過客，沒有絕對安穩的人生保證，本該攜一顆從容淡泊的心，走過山重水複的流年，笑看風雲起落的歲月。細推物理須行樂，何用浮名絆此身。尤有進者，細究推敲蝸角之爭的禍福道理之後，何須意氣相爭？何須浮名牽絆？何不及時當下行樂？諸事計較諸事憂，未免癡傻未免愚，隨富隨貧且歡樂，不開口笑是癡人。

反思討論

紛爭源於不自量力

短暫生命，猶如石火。爭一時之氣，逞半刻之快，事情果真就畫下圓滿句點了嗎？爭得了這一時半刻的虛名偽勝，接下來還有更多排山倒海而來的紛爭賽事，須得更加足玉石俱焚之勁道，才能屢屢在馬不停蹄且怒火中燒的行程中，光榮完賽。當然，唯我獨尊的自大，機關算盡的思慮，心如懸旌的疑懼，頃刻難安的代價，傷身耗命的演出，皆是玩命關頭的必備戰略。換言之，將輕如鴻毛視為重如泰山之大事，為了一較高下的人前風光，而捨棄快活適意的人後舒卷，值與不值，值其深思。

自知者明，知人者智。世態人情經歷多，閑將往事思量過，賢的是他，愚的是我，爭什麼？蝸牛角上爭何事，望斷天涯何時休？所有紛爭源於不自量力。跳脫轉境，看破放下。當憂憤太過沉重，便讓自己回到起點。別和自己過不去，因為一切都會過去。痛痛快快地讓他個三尺，不生氣，拚爭氣。

如此一來，是否便能擺脫「惝然若有亡也」，而幡然悟道了呢？

唱和呼應

♪改編自田馥甄〈小幸運〉

與你相遇好幸運……她會有多幸運。

♪改編後

蝸牛角上爭何事，

石火光中寄此身，隨富隨貧且歡樂，

放下是福，知止後而心安，

低頭見水中天，

心清淨方為道，

（oh……oh……）

退後原來是向前。

為尊重及保護著作財產權，僅列出改編歌詞的曲目、主唱者及頭尾歌詞，方便讀者自行查找改編處。

第五章　莊周夢蝶

1. 必有分矣的國王與牧羊人

故事引導：國王與牧羊人

柏拉圖（Plato，427-347B.C.）是古希臘最重要的哲學家，他有個頗為著名的對話錄叫做《理想國》。對話錄中的一位辯士提出了一個饒富趣味的故事，內容是這樣的：

蓋其士（Gyges），是在利底亞（Lydia）國王手下工作的一位牧羊人。某天，當他在放牧羊群時，忽遭狂風暴雨、雷電交鳴，一陣天崩地裂後，突將地表震裂了一個大洞。蓋其士被眼前的景象所震懾，驚懼而好奇地走下地洞，在漆黑的洞窟裡，他看到許多驚奇的事物。其中，有一隻銅馬令他印象深刻。這只銅馬的中間部分是空的，像一扇門。蓋其士朝這扇門走近一看，意外的發現一具比人的形體還要碩大的屍體。更特別的是，這具屍體的手指上竟戴著一枚造型特殊的金戒指。於是，當蓋其士離開時便拿走這枚金戒指。他帶著這枚戒指趕著去參加牧羊人每月一期的例會，這個會議是向國王報告羊群的狀況。會議間他本無意識的將戒指的戒面向內轉，卻驚訝的發現他的同伴們竟然看不見他。因為當他們在談論到他的時候，就好像當他是不存在的一樣。蓋其士感到十分震驚，於是他再把戒指的戒面往外轉成原來的樣子，赫然發現，此刻的他又變回到可以被人看見的樣貌了。

蓋其士在竊喜之餘，開始對這枚戒指進行多次試驗，看看它是否真的具有如此強大的功能與魔力。其答案竟是屢試不爽。經由這個意外發現，他開始為未來盤算著，而再也不願成為僅是國王底下一個收入不豐而毫不起眼的牧羊人了。在一次出席向國王報告的宴會時，蓋其士想方設法引誘皇后，並透過皇后的幫助，謀殺國王、篡位成功。

試問：倘若你是那位牧羊人，同樣擁有這樣的一枚隱形戒指時，你會不會做出和蓋其士同樣的事情呢？在現代社會中，如果你擁有一枚隱形戒指，既不用偷，也不必搶的，你會不會去銀行「拿」錢？會不會去珠寶店「取」走昂貴鑽戒？會不會大搖大擺走進心儀已久的異性家中，滿足你朝思暮想的情人夢？當一個人知道自己的所作所為不會被人覺察的時候，他能否運用理智並控制自己不去做一些離經叛道的事情呢？

在柏拉圖對話錄中裡的辯士認為：只要是擁有這枚隱形戒指的人，無論是日常生活中看似有道德的人及無道德的人，都會做出同樣的行為，而藉以滿足所有個人私欲的行徑。於是，所謂的「道德」就像是一個枷鎖，禁錮著每個人內心深處狂野的私欲。一旦除卻枷鎖，最終最真實的人性反倒如脫韁的野馬一樣，肆無忌憚，任意妄為。

這其實是關涉到生命主體自我認同定位的問題。蓋其士服務於國王底下，一直是安安分分、恪勤恭謹的扮好牧羊人應盡的角色。當他發現隱形金戒指所帶來的各種美好而歡愉的效益時，此時的牧羊人早已非為牧羊人了。生命主體的心，一旦被名利欲望扭曲了立身人間的修養工夫，便會墜落在形體之中，更甚至是脫離了形軀，喪失了回歸生命自然的主權。如此一來，便難以擺脫心知執著與人為造作，而在不斷地失衡崩塌的逐物不反中退墮不還。

故事引導：物我二分VS.物我合一

人在睡夢中可以打破形體的障蔽，在夢中穿越轉換，貫通現實與夢幻間的界域。「人生如夢，夢如人生」，「莊周夢蝶」中的莊周可以是成為夢的主體，亦可為蝴蝶夢中的客體。透過莊周與蝴蝶間的互為主體性，處境也隨之擺脫形體的僵化限制，在主客體間身分互異的哲學思考下，與大自然的融合中齊一，而對生命主體自我認同的定位問題進行了深刻反省。

何謂物化？便是指主客體間相互融入，物我之間打破障隔。「莊周夢蝶」中的物化便是包含這兩種意思。其一是在人我和物我的「物我二分」中解消形氣物欲的拘限障蔽；其二則是在心神的釋放之下，將自我融入於天地萬物之中。當物我界線消釋，萬物融化為其「物我合一」之境，莊周可以融入蝴蝶而成就莊周夢蝶，蝴蝶亦能融入莊周成就蝶夢莊周，共同朗現始於對立之「物我二分」而終於和諧之「物我合一」之中。

2. 分而齊之的周蝶同夢

原文對焦

昔者莊周夢為蝴蝶，栩栩然蝴蝶也，自喻適志與，不知周也。俄然覺，則蘧蘧然周也。不知周之夢為蝴蝶與，蝴蝶之夢為周與？周與蝴蝶，則必有分矣。此之謂物化。

《莊子・齊物論》

喻：通作「愉」，愉快。
適志：合乎心意，心情愉快。
俄然：突然。
蘧然：驚惶的樣子。
物化：意指物我界限消解，萬物融化為一。

語譯對應

某個夜裡，莊周在睡夢中，夢見自己竟化身為一隻蝴蝶。歡欣自得，真的就好像是一隻臨風輕舉、翩翩飛舞的蝴蝶，好不愜意之際，全然忘記自己正是莊周的這一回事了。不久，一覺醒來，赫然發現這兒躺了個僵臥不動的莊周。於此之時，心中不免泛起了一大問號，不知道是剛剛莊周做夢夢見自己變成了蝴蝶呢？還是蝴蝶做夢夢見自己成為了莊周呢？而莊周和蝴蝶，一定是各自有其形體本分的差別。因為物我界線消解，參與自然無窮的變化，而和萬物與之融化為一。

夢，是物化的通路。因為只有在夢裡脫離了現實給出的負累沉重的自我意識，只有在自我遺忘中覓尋到了真理的序曲，忘記了被時代決定所賦予的角色，莊子才能恣意幻化成蝴蝶，從而走出自己，成就自己。但莊周終究不是蝴蝶，蝴蝶終究不是莊周；莊周終究是莊周，蝴蝶終究是蝴蝶。「周與蝴蝶，則必有分矣。」忘卻自我，化身為臨風輕舉、翩翩飛舞的蝴蝶，雖然抽離現實可以肆意享受剎那的當下美感，可對於蝴蝶這樣的一個身軀，仍舊擺脫不了形體的脆弱和生命短暫的限制。於是，夢醒時便有著大覺而後知此大夢的幡然醒悟。因為，莊周有莊周理當完成的責任義務，蝴蝶亦有蝴蝶要活出的燦爛美好。莊周與蝴蝶必須各安其命，各盡其分。唯有回頭重新審視，把握自己，活在當下，生命才能各自發光，各顯自在，完成真正物化的所有可能。

精神主旨

明白生死變化之理，忘卻本我，
打破物我執著，萬物冥合為一，
則無入而不自得，無往而不快樂。

靈性打成一片：

身體互相排斥	外在可見的相互排斥。
心智能夠溝通	理解的差異、溝通的限制。
靈性打成一片	擺脫身心桎梏，翻升為更高的精神層面，道在生命滋養，貫通、豐富，並透現光亮。

莊子認為人的生命分為身體、心智及精神三個層次。然而一個人如何能異於禽獸而從「身體」向上提升至「心智」，最後超拔飛躍為「精神」層面呢？

就外在形而可見的「身體」感知而言：試以其就業賺錢為例，一把一把鈔票都讓你給賺翻了，他人勢必得減少收入所得。職位頭銜亦是如此，你占了空缺高位優勢，亦是順勢將他人給踢開了，擺明了他人不得不另擇他業他缺。就連張毫不起眼的座椅亦是如此。你坐了那個位置，他人就因此得站著或是另覓另尋他位。人與人之間相互執著於形體的存在，而不斷的與外物較量摩擦，直至生命盡頭，還停不了放不下的追逐奔馳。於是，身體與身體間的排斥便由上述可見一斑。

再看看作為內在運思抉擇主體的「心智」層面來說：不同的文化背景，相異的教育水準，差別的思想生活，往往造成了理解的扞格，溝通的限制。因此，我們所謂的人我他，從自我到家庭學校、社會國家的種種矛盾，更甚至是國家與國家間因其排斥危機而造成了不可抹滅的戰爭傷害等等。在不斷地面對種種的生命危機，試問，又該如何超拔飛躍為「精神」的層面呢？精神層面既非身體亦非心智，卻又與身體、心智息息相關，須臾不離。平日含而不露，隱而不顯，需當身體、心智在不斷修練超拔之際，化解掉時間變化生滅的壓力，免除了大小之分、物我之別的困擾，共同體驗在「天地與我並生，萬物與我合一」之無往而非的理趣。唯有擺脫束縛障蔽，將身體心智昇華到更高的精神靈性層面。物我兩忘、情景交融的「道」，便在生命中澄明朗現。精神遊於道，海闊憑魚躍，天空任鳥飛。終讓道在生命裡滋養、貫通、豐富並透現亮采，忘適之適，至大無外。

3. 我是誰我？誰是我誰？

反思討論

卡夫卡	現代人所承受之巨大生活壓力的夢境。
霍金	夢到宇宙，同樣困惑是否宇宙也夢到了我。
莊周	我是誰我？誰是我誰？ 莊周夢蝶，以美啟真； 形體空間，詩意棲居； 生死一貫；日夜如常； 喧囂浮世，逍遙究竟。

我們可由卡夫卡和霍金截然不同生活環境的夢境，來和莊周夢蝶的夢境做出我是誰？誰是我？是什麼決定你是你？我是我？你為何不是我？我又為什麼不是你？是肉體還是靈魂？是成長亦或經歷？種種夢境差異，因而衍生饒富趣味之種種的對照省思。

首先，是創作出現代人所承受巨大生活壓力之夢境的卡夫卡。卡夫卡（F. Kafka，1883-1924），捷克籍的德國小說家。出生於布拉格的一個猶太商人家庭，一生困頓，三次訂婚，三次退婚，因而終生未娶，四十一歲死於肺結核。

卡夫卡的父親是一個毫無溫情可言的暴君，因粗暴剛愎的性格，迫使卡夫卡自幼到大都成長在專制父親的陰影之中，造成了卡夫卡一生孤僻憂鬱而內向悲觀的性格特徵。卡夫卡曾在一九一九年試圖寫給他的父親一封近一百頁的長信，信中描述了父親在他童年時，經常以輕蔑的嘲諷和強勢的態度左右了他的一切，對於他往後的人生，帶來了不可抹滅的創傷和絕望。使得自卑消極又靦腆的卡夫卡變得更加地消極沉靜，甚至不再說話了。由於過往父親埋下的巨大陰霾，重度害怕父親的威嚇的卡夫卡，最終，他仍舊沒有勇氣將這封過往禁錮心靈的長信寄出。

作品大多描述下層生活的市井小民以及犯罪心理和孤獨挫敗的人生經驗。其創作手法經常是將現實生活的細節和自我幻想的情景交織融合。著有《變形記》、《審判》、《城堡》、《蛻變》等等。

《變形記》（The Metamorphosis）一書中的男主角格里高爾，是在一家公司擔任旅行推銷員。為了替父親償還債務而早出晚歸；欲送妹妹去音樂學院就學而長年奔波。辛苦支撐著整個家庭的開銷，也因此受到家人的依賴和尊重。一天，格里高爾從睡夢中醒來，突然發現自己居然變形為一條巨大扭曲的怪蟲。生活的壓力，使他沒有多餘的時間驚懼於外型變化。一心只想爬出去趕搭早班的火車賺錢養家，卻感到行動十分吃力，言語含糊，更甚是完全喪失了勞動力。然而當他對於這個家庭再也沒有物質金錢的貢獻時，家人不僅一反先前對他的尊敬態度，開始表現出冷漠、嫌棄，甚至是憎惡的面孔。其後，父親還惡狠狠地用蘋果和棍棒扔打他，母親則驚嚇暈倒，妹妹亦是疏離厭棄。漸漸地，格里高爾被家人驅逐，身心傷痕累累的他，最終孤獨痛苦地在饑餓中默默地死去。當格里高爾死去後，一家人不僅毫無愧疚哀傷之情，反而因著格里高爾之死，如釋重負之際，更增顯輕鬆，甚至決定釋放心情，並愉快地出遊旅行。

這個夢境的寓言代表著現代人所承受著「非人的」巨大思想變形的生活壓力，在現代西方資本主義社會的衝擊下，一個沒有個性標記的人生，不斷地被社會侵蝕壓抑和拉扯，既不敢反抗，也無力反抗，直至變形，終至死亡。因為一旦當人的「個體性」與自我心靈被漠視時，就不可避免地與人產生「公共性」矛盾而導致命運的全盤毀滅。

再來是夢到宇宙，同樣困惑是否宇宙也夢到了我的霍金。史蒂芬・威廉・霍金（Stephen William Hawking，1942-2018），英國著名物理學家與宇宙學家，並在一九九八年出版了有關宇宙學的經典著作《時間簡史》（A Brief History of Time）。因患有「漸凍人症」導致全身癱瘓，無法言語，全身唯一能動的地方僅有兩隻眼睛和右手食指。

對於網友的詢問：中國古代有個哲學家叫莊子。「昔者莊周夢為蝴蝶，夢醒後，莊周不知是他夢為蝴蝶，還是蝴蝶夢為莊周。」請問霍金教授，我們如何能知曉我們究竟是生活在夢境裡，還是確確實實的真實存在？

霍金回覆道：莊周夢蝶，也許因為莊周是個熱愛自由的人。換做我的話，我也許會夢到宇宙，然後困惑臆想著是否宇宙也夢到了我。

霍金進一步表示：我們如何得知我們究竟是生活在夢裡，還是真實的存在著？嗯，我們不知道，而且也許也無法知道。這個問題至少要等到我們開始深刻地瞭解意識和宇宙時才可得知。因此我們必須要孜孜不倦地探索關於存在的基本命題，唯有如此，我們也許才會知道蝴蝶（或宇宙）究竟是真實存在，還是僅僅只是存在於我們夢境裡的幻覺。

霍金在應邀參加英國救助兒童會的活動，亦因為「莊周夢蝶」的靈感啟發，所以親自設計了自己的「夢想瓶」，放置在倫敦聖保羅大教堂前供民眾參觀，展示了自己對於夢境、現實和宇宙的思考。二〇一七年十一月，霍金更是預言了人類可能在二六〇〇年前就會滅絕。因為隨著地球人口增長，能源消耗將會增加，地球將變成一個「熊熊燃燒的火球」。霍金表示：要擺脫這場災難，必須去尋找一個適合人類生存的星球。而人類如果還想把自己的存在延長一百萬年的話，就更要無所畏懼地去開發、去前往自己從未去過的地方。

我是誰我？誰是我誰？莊周夢蝶，以美啟真；
形體空間，詩意棲居；生死一貫；日夜如常；喧囂浮世，逍遙究竟。

「莊周夢蝶」中，夢中的蝶與覺中的莊周，究竟誰才是主體？對於這個問題，莊子並沒有做出進一步的追問，其關鍵是「物化」二字。從本體論的角度來看，莊周和蝴蝶是兩種截然不同的存在形態，這便是莊周言之的「則必有分矣」。但這對於莊子而言，看似截然不同形態的個體之間並無扞格不變的鴻溝。揚棄分裂的存在形態，能在彼此超越間中轉化，最終，在分而齊之的視域中達到物我為一，天人合一的理境。

於是，於你；對的，沒錯，是你，就是你；叩！叩！叩！今天的你，跟著「莊周夢蝶」了嗎？

唱和呼應

♪改編自蘇打綠〈各站停靠〉

昔者莊周夢為蝴蝶

……蝴蝶之夢為周與？

♪改編後

昔者莊周夢為蝴蝶，栩栩然蝴蝶也，

自喻適志與，不知周也。

俄然覺，則蘧蘧然周也。

不知周之夢為蝴蝶與，蝴蝶之夢為周與？

為尊重及保護著作財產權，僅列出改編歌詞的曲目、主唱者及頭尾歌詞，方便讀者自行查找改編處。

第六章　鼓盆而歌

1. 心中求定，安時處順

故事引導：跨越禮教之曝褌當屋

劉伶恒縱酒放達，或脫衣裸形在屋中，人見譏之。伶曰：「我以天地為棟宇，屋室為褌衣，諸君何為入我褌中？」

《世說新語・任誕》

與阮籍、嵇康、山濤、向秀、王戎和阮咸並稱為「竹林七賢」的魏晉時期名士「劉伶」，經常是縱情飲酒，豪邁灑脫且任性不拘、標新立異。因為放蕩不羈，脫掉外衣，赤身裸體的待在家中是時有之事。外人瞧見了便譏笑他未免太過放肆情志。劉伶不以為忤的答道：「我把天地看作我的房子，把房屋當成我的褲子，你們這些人為什麼就非得要跑進我的褲子裡面呢？如此失禮的鑽進我褲子裡就算了，居然還莫名其妙不客氣地對著我的裸體指責咆哮呢！」

身高不滿一米五，容貌醜陋，「竹林七賢」排名的社會地位中最低賤不起眼的的就非劉伶莫屬了。當時的魏晉名士任誕放達生活的主要表現方式便是主張言行不必遵守禮法，憑稟性行事，不受任何拘束，唯有如此才能回歸自然，才能成就真正的名士風流。跨越世俗禮教的束縛限制，而以一種新道家的姿態，作為隨順自然的表現，就叫做「越名教而任自然」。

劉伶放肆情志，嗜酒如命，雖言道：我以天地為棟宇，屋室為褌衣，諸君何為入我褌中？跨越禮教、疏放不拘的「曝褌當屋」就是從這裡衍生而來的。姿態瀟灑，不受羈絆，敢以行動做為對當時虛偽禮教的反抗。究其實，表面看似蔑視禮教，不從禮法，可內心是不安不忍「真」禮教被輕視踐踏，「假」禮教卻變相的大肆流行。看似對世局漠不關心，刻意呼酒買醉，追求玄遠，其行為背後是深層的社會關懷和積極的反抗精神。「榮辱何在，貴在肆志。」因為禮法的虛偽化，因排斥鄉愿而矯激狂狷。時代扭曲讓人身不由己，只能求其心境轉化，只好是放肆情志，以身處宇宙作為調和萬物為其意旨。

「致虛極，守靜篤。」是心靈持守著虛到靜的篤定狀態，自我約束，保持距離，以策安全。運用客觀心態來觀察事物循環往復的規律，可以說是代表著老子的思想。可到了戰國中期莊子的時代，已不可能在安靜中保持距離了，所以這個時候的莊子必須在心隨境轉的條件下，既要讓自己順應時代的變化，又得要使自己不受任何的干擾和傷害。換言之，魏晉劉伶的特立獨行，放曠生命，超脫功名利祿，超越名教禮法。「魏晉之美，美在深情。」任誕行為的目的，是要擺脫陳腐禮教外形的倫理束縛，將道德靈魂重新構築在風流率真之中，便是世間真實自然的存在，進而領會魏晉名士的內涵，反樸歸真而與天地合一之自自然然的真正逍遙。

故事引導：笑納自然禮贊

從前有位老婆婆育有兩女。長大後一個嫁給賣傘的，一位嫁給賣米粉的，可老婆婆卻沒一天是不對著天空哀歎哭泣的。

因為每逢天晴之際，老婆婆因擔心大女兒的傘銷不出去而悲傷難過；每遇雨天之時，又因憂慮小女兒的米粉不能曬乾，無法賣出而放聲痛哭。

一天，鎮上來了一位和尚，見老婆婆仰天長歎，如此感傷，便細問原因。和尚聽了老婆婆內心的苦楚後說道：天晴時就開心小女兒的生意興隆，雨天時就欣慰大女兒財源滾滾，人生至樂，夫復何求？老婆婆聽了和尚的話語後，心念一轉，終於破涕為笑。從此微笑望著頭頂上的天空，快樂並感恩的生活著。

一個人要瞭解自己的限制，才能發揮自己的能力，心轉境轉，換個角度思考，結果便大大的不同。如同面臨人生的苦難，你把它看成是上天對你的考驗，笑納自然禮贊，也許積極接受磨練，不怨天尤人，透過努力修行，亦能修成正果。因為不管天氣如何變化，總有一人受利順利，總會一人損失不遂。不願轉念做換位思考的把握，老想著另一人的委屈不幸，便是無濟於事、庸人自擾。陽光好美，雨天不錯，隨遇而安，泰然若素，生活的最高境界便是接受現實，樂在當下。

理想主義身邊經常是伴隨著虛無主義。當一個人的理念過強、理想太高，不能落實於現實，便不免陷入極端偏激的思考態度。若能拋擲非可非不可的執念，好與不好的預設，便能從容愉悅的生活。認為是陽光裡的幸運，它就成為了幸運；認為是陰天裡的吉時，它便是吉時。接受安排，順應無常，明白世間的規則變化，又不被其規則變化所困所擾。

尤有進者，如何的笑納自然禮贊，既來之則安之，既處之則順之，由安時而處順，則哀樂不能入也。疏朗陽光還是陰雨連綿的天氣變化，我們無法用任何客觀情勢去改變事實，卻可以改變對於命運的態度，因而在價值意義的轉化中理解而得以超越，汲取安身立命的適意，來作為提升生命能量的豐富智慧。

故事引導：雖死猶生，生不如死

莊子之楚，見空髑髏，髐然有形。撽以馬捶，因而問之曰：「夫子貪生失理，而為此乎？將子有亡國之事、斧鉞之誅，而為此乎？將子有不善之行，愧遺父母妻子之醜而為此乎？將子有凍餒之患，而為此乎？將子之春秋故及此乎？」

於是語卒，援髑髏，枕而臥。夜半，髑髏見夢曰：「子之談者似辯士，諸子所言，皆生人之累也，死則無此矣。子欲聞死之說乎？」

莊子曰：「然。」

髑髏曰：「死，無君於上，無臣於下，亦無四時之事，從然以天地為春秋，雖南面王樂，不能過也。」莊子不信，曰：「吾使司命復生子形，為子骨肉肌膚，反子父母妻子閭裡知識，子欲之乎？」

髑髏深矉蹙額曰：「吾安能棄南面王樂而複為人間之勞乎？」

《莊子・至樂》

莊子剛到楚國，迷途荒郊。看見路邊草叢裡有一副形骸已近枯槁的骷髏頭。莊子用馬鞭敲擊著骷髏，問道：「喂！這位先生，你是貪圖生存享受，違背世間常理，才落得如此下場的嗎？還是因為遭逢滅國、慘遭殺戮，才落得如此下場的嗎？還是因為作惡多端，擔心給父母喪德，讓妻兒丟臉，才落得如此下場的嗎？還是因為挨餓受凍的苦難災禍，才落得如此下場的嗎？還是因為你時不我予的大限到了，才落得如此下場的嗎？說完了這些話後，莊子順手拿了骷髏頭當作作枕頭，便倒頭入睡了。

半夜，莊子夢見骷髏頭站在他的面前，笑臉盈盈的對著莊子說：聽你說話的口吻倒頗像個讀書人。不過你所問的那些話語，全都是活人的麻煩事。人一旦死了，根本不會出現這些麻煩事。你想不想聽一聽關於死人的事呀！莊子答說：好呀！願聞其詳。骷髏頭說：人一旦死了，上沒國君，下無臣子，也沒了四季該要打理的所有事情了，自由自在地和天地萬物並生共存，即便是擁有了能夠像南面稱王的快樂，也無法超越過它呀！

莊子滿臉狐疑，語帶保留的說：我若讓司命官恢復你的形體，還原你的骨頭肌膚，還給你父母妻子和鄉親故舊，覺得如何呀？想不想要恢復作為人類原來所擁有的一切人事物呢？

骷髏頭聽了之後，收斂笑容，愁眉深鎖，沉痛且憂傷地說：我好不容易死掉了，又怎麼能夠放棄掉南面稱王的自在快樂，而重返人間再去辛苦受累呢？

以上富有幽默譏諷的答辯，是因為骷髏頭深諳「善吾生者，乃所以善吾死也。」死生是無法改變的命定，必須從存在提升轉往精神上的超越。如果生是值得欣喜的事，那麼就應該將死也同樣看作是件值得欣喜的事情。顛覆了常人對於生存的戀棧及死亡的恐懼，從而領悟到生和死是能夠有著不同轉化選擇的反思意義。暴君橫虐，諸侯割據，烽火連綿，朝不保夕的種種生存恐怖壓迫，正是莊子所歷經的動盪時代。世道難為，現實充斥著苦痛曲折，還得艱辛的去承擔日常所必須實踐的社會責任。活著仍逃不過生不如死之痛苦，遂轉往精神的高度延伸、超拔乃至解脫。以死的無限性來譏諷生的有限性，坦然面對死亡無常之恒常，從而劃出一道泯滅生死、超越苦樂時空限制的臻善境域。

在現實生活世界裡，「身」與「生」是擁有和掌握權勢名利欲望的表徵。莎士比亞說：有錢的人就好像是一頭驢子，駝著沉重的金幣走完一生。又，對於死後最為敏感的「鬼」字，《說文解字》解釋為「人所歸為鬼」；《爾雅・釋訓》：「鬼之為言歸也」。也難怪骷髏頭認為人死了，便是遠離現實，自我回歸，變遷迴圈至上沒國君，下無臣子，沒了所有的所有，便可快樂自在地和天地萬物並生共存。相對於死所賦予其復歸本原，回返天然的「反其真」，用以平常心的獨特方式作為適當得度。雖死猶生矣，生倒不如死也。死竟是如此地痛快而美好，與其痛苦活著，倒不如我死後快樂恣意的樣子。也難怪哀莫大於心死的骷髏頭，再不願重返人間成為了世俗價值的取向，成就了追名逐利的奴隸。

2.人之在世，安之非若喪耶？

原文對焦

莊子妻死，惠子吊之，莊子則方箕踞鼓盆而歌。
惠子曰：「與人居，長子老身，死不哭亦足矣，又鼓盆而歌，不亦甚乎！」
莊子曰：「不然。是其始死也，我獨何能無概然！
察其始而本無生，非徒無生也，而本無形，非徒無形也，而本無氣。
雜乎芒芴之間，變而有氣，氣變而有形，形變而有生，
今又變而之死，是相與為春秋冬夏四時行也。人且偃然寢於巨室，而我
噭噭然隨而哭之，自以為不通乎命，故止也。」

《莊子・至樂》

箕踞：盤腿而坐，其形如簸箕。
鼓盆而歌：敲擊瓦盆作歌唱之拍節。
盆：瓦缶，古樂器。
長子老身：為倒裝句式，孩子長大，身體老邁。

概：慨歎、哀傷之意。
芒芴：恍惚。
偃然：安息的樣子。
巨室：比喻天地之間。
噭噭然：哀哭聲。

語譯對應

莊子的妻子死了，惠子前去弔喪，看見莊子正蹲坐著，一面敲盆，一邊歌唱。

惠子說：妻子與你結髮生活，為你生兒育女，撫養長大成人。如今年老去世，你不悲傷難過也就算了，居然還邊敲盆邊唱歌，這個樣子是不是太過份了呢！

莊子回答說：不是你所想的這個樣子的。當她剛去世時，我又怎麼會不哀傷難過呢？在哀痛之際，我思前忖後，忽然察覺到妻子她在起初時根本就是處於一個無生命的狀態，不但沒有生命的狀態，而且根本就是連個形體都沒有；不但沒有形體，而且還連個一絲氣息也都沒有。在若有似無恍惚之際，形成了氣，由此一氣變化出一個形體來，再由此一形體變化出生命。而此刻的生命又變回到原來的死亡，如此這般迎生送死、生來死去的變化，就好似春夏秋冬四季的運行一樣。人家我老婆如今已寧靜安詳地棲息在天地之間，我卻還在這邊哭哭啼啼的哀慟難捨。我認為如果再這樣繼續下去，便是太不通曉生命所賦予的偉大道理，因為明白了這樣的緣故，所以才會停止了哭泣了呀！

生離死別，是人生最難堪破的至大關卡。人生艱難唯一死，從沒有人逃得過死亡所帶來的焦慮恐懼以及傷痛的情緒反應。西班牙哲學家烏拉木諾說過：從前害怕死亡是因為死亡讓我們感到孤單，憂心「我們」二字被徹底拆解掉了。因為一旦面臨到「死亡」，從前拼命努力所建立的一切關係即將全面瓦解。「死亡」在日常語境中代表著「去世」而和「在世」與之相對，不僅是生命的告終，亦代表著參與的社會活動終將被迫停止，崩解了辛苦建立的「我們」，吞噬掉綿延持續的「生活」。可柏拉圖卻持不同的說法，反倒認為：「從來就無人知曉死亡對人而言是最高的祝福還是最大的詛咒，可人們卻過度擔憂並逕自將它視為最大的詛咒」。

死生有命，這是一個存在的事實，人生在世的最末一關，無法依恃任何客觀的情勢來做為扭轉。既然來到人間無法自我主導，只能是被拋擲的偶然機緣；那麼相對的，離開人世亦是無所逃的必然結局。來是偶然，去是必然。死亡便好似瓜熟蒂落般的自自然然，灑落一地的種子，萌了芽，長了成、茁了壯、開了花、結了果，燦爛一生，美好一世，最後再回歸大地。生來死去，自自然然，不起執著，不生分別，不設好惡。最終，無邊無際、無常無名之苦痛煩惱，便無法駐足於所有形式上的心頭念想了。

生命的意義並非僅止於外在之形的「生」，更應指涉內在精神層面之「形」，形隨境轉，形變形化而為之「死」，生命由此自然自在的輪轉運行，死也就不再是如此悲懼不透的字眼了。據西方說法，死亡像是演戲結束的落幕，亦像是個通道，通過透過死亡而到了不同的生命境界了。

未知生，焉知死？誰又能清楚明白死後的世界是不是比我們自以為正在活著的世界而更加美好的呢。如此看來，順應自然的生便不會執著於死，如果將死的這個死字都給消解掉，那麼死不再仰賴生

人之在世，安之非若喪耶？

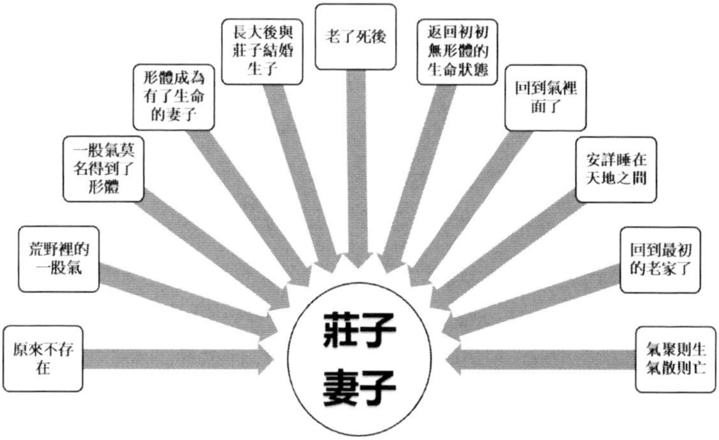

來製造，生便不會依恃死作結束。生死一貫，一貫生死，不把死亡陰霾牢牢惦記而忽略了朗朗陽光的生存燦爛。於是，生命歷程雖狀似終結，但此生的美好總會在不會消失的那端而永恆的存在著。

就莊子說法，莊子妻子原來是不存在的。始自荒野裡的一股氣，而這一股氣莫名得到了形體，此一形體成為有了生命的妻子，妻子長大後便與莊子結婚生子，老了死後再返回初初無形體生命的狀態，回歸到初始的氣裡面了，安詳自在的睡在天地之間，莊子妻子終究是回到最初的老家了。氣聚則生，氣散則亡。換言之，「人之在世，安之非若喪耶？」「若喪」是自幼流落他鄉之意。意思是人活在世上，你又怎麼知道那不是年輕時候的離家出走呢？

莎士比亞說過：在時問的大鐘上，只有「現在」二字。努力在能夠把握當下的有限生命中，如何不負光陰活得真實而充實，便能死得快樂而無憾。形體只是暫居的過客，所以面對死亡，只能說是「化」，而非死。而何謂「化」呢？「化」便是此「身」在生死之間的轉「化」中形「化」了。人之在世，安之非若喪耶？離家出走後，最後仍須返回初初來時之地。過客終將是歸人，形化中的化，便是形體生命跟著春夏秋冬的四季運行，而返回初初到來的大自然的老家。如此一來，面對妻死的莊子，其心早已超拔於生死之上，頓悟了死亡等於回家之理，所以莊子不再傷感悲慟，轉而敲盆助興，最終以歡送的姿態來祝願他的妻子一路順風。

3. 如如來之，如如去之

精神主旨

天地棺槨，日月連璧；星辰珠璣，萬物齎送。
生之天行，死之懸解；生不足戀，死又何懼？
乘物游心，樂乎逍遙；未始有物，無物不道。

光從學生們欲厚葬莊子一事，便能知悉莊子不僅對於現世的功名利祿視如敝屣，在傳統禮法制度的表現一樣是不屑一顧的。按傳統的禮法制度與習俗，喪葬可說是一件大事。根據文獻記載和考古發現，戰國時期還存在著野蠻的殉葬制度，貴族富豪死後仍用大量的珍貴物品隨葬。其棺槨、連璧、珠璣、齎送，皆是古代喪禮的必備品。莊子把天地視為棺槨，將日月當作連璧，把星辰看作珠璣，將萬物用以陪葬。活著的時候隨任天體自然的運行，死去的時候更是化解掉人世間的所有束縛。天地萬物皆生於道，人生於道而死後歸之於道，所以樂生惡死實在沒必要。既然生不足戀，那麼死又何以懼之？尤其是仍醉心幻想死後還能享受生前快樂的世人，豈不愚蠢至極！

古人最高智慧的境界，就是能夠瞭解到何謂「未始有物」，就是萬物從來不曾真正的存在著。世事變化一如滄海桑田，如果從生前死後來看，人的存在不也像是沒有具體存在，而是暫時過度的階段嗎？換言之，若能超脫凡塵俗世，順任自然規律，解放精神自由，便能無拘無束的樂在其中。而莊子的快樂就在於他從不讓自己陷溺在人間相對的一種偏頗的價值觀裡面，而是透過一種覺悟到道是一個整體，天人合一，天地一體，生命在整體裡面從來就沒有損失消散，又何來難過之有？正因為有著這樣豁達的生死觀，對於生命及死亡現象的理解，生命存在之前本是無生命的狀態，生命存在之後，依舊是無生命的型態。似無恍惚之際，形成了氣、形、體、命，命逝之後，又回歸於體、形、氣。形聚為生，形散則死。塵歸塵，土歸土，生死一如晝夜更替，不過是宇宙迴圈、天地演化過程的種種自然現象。

反思討論

（一）「鼓盆而歌」反映了怎麼樣的生命特質和處世態度？

（二）面對親人的離世，你認為莊子的行為值得效法嗎？

人生到了最後，需用什麼樣的心情，該用什麼樣的姿態，要用什麼樣的方法跟這個世界揮手說再見。好好整理人生，好好面對這個渡口，好好走向最後的渡口，好好地為自己尋找一條船，好好地為自己微笑送行。

如如來之，如如去之。「如如」來自佛教語，意指永恆存在的真如，引申為永存常在。用白話解釋就是隨順自然，應當如何就如何，該怎麼樣就怎麼樣。如如來之，如如去之，一切皆是因緣和合，從哪裡來便往哪裡去。領悟從來就不是得到，便不再執著於失去，不戀棧於生，又何懼於死？生是死的延續，死乃生之開端，沒有生死，只有變化。若把生都給放開了，死便沒了立足空間，也只能是消失於無形無跡之中了。如此一來，便能夠理解並同情人的有限性，讓遭逢挫折傷痛的人得到理解、給出安撫、獲得希望，最終引領他走出桎梏的有限，朝向樂觀陽光，永續生命的無限性。

唱和呼應

♪改編自李叔同〈送別〉

長亭外，古道邊，芳草碧連天。
晚風拂柳笛聲殘，夕陽山外山。
天之涯，地之角，知交半零落。
一壺濁灑盡餘歡，今宵別夢寒。

♪改編後

莊子妻死，惠子弔之，箕踞鼓盆而歌。
察其始本無其生，亦本無形無氣。
雜乎芒芴，氣形生，今又變而之死。
春秋冬夏四時行也，偃然寢於巨室。

第七章　濠梁之辯

1.不假悖論的移情效應

故事引導：全能的律師和上帝

其一：律師的官司

甲大律師收了一個乙徒弟，並矢志要將他培育成才。甲大律師為了讓乙徒弟心無旁鶩地專注學習，所以承諾乙，在他成為律師後，在法庭上打贏第一場官司時，再將過往的學費全額付清。於是，乙便開始夜以繼日地虛心學習。最後，終於成為了一名律師。

甲殷殷期盼卻遲遲不見乙將學費匯入戶頭，忍無可忍，一氣之下便控告了乙。

沒想到乙不僅不當回事還雲淡風輕地說道：

甲儘管放馬過來提告吧！假使我贏了這場官司，既然我都打贏甲了，那麼我又何須付給甲任何費用了呢？再說了，要是我真的輸了這場官司，我既然都輸了，便表示我沒打贏官司，官司我都沒打贏，那麼我又何須付給甲學費呢？哈哈哈！總而言之，結論就是：不管我是否打贏官司，我肯定都無須支付任何學費的。

甲聽了乙的說詞後，不僅沒有勃然大怒，反而開心地回應道：

乙儘管裝瘋賣傻吧！假使我打贏了這場官司，既然我都打贏乙了，乙是肯定得支付我全額的學費的。再說了，要是我真的輸了這場官司，我既然都輸了，便表示我沒打贏官司，既然是乙贏得了這場官司，那麼這傢夥便得兌現在法庭上打贏第一場官司時，需將學費全額付清的承諾了。哈哈哈！總而言之，結論就是：不管我是否打贏官司，乙肯定都得老老實實地將積欠我的學費給全額結清的。

其二：全能的上帝

在基督教的教義中，至高無上的神所代表的是全能全知的上帝。

於是，一位無神論的智者問道：既然您說上帝是全知全能的，那麼，如此全能的上帝能否創造出「一塊連他自己都搬運不動的石頭」呢？

如果教廷回答說「能」。那麼，既然連上帝都無法搬動他自己所創造的那塊石頭，可想而知，這個上帝其實並非是我們所謂的「全能全知的上帝」。

可如果教廷回答是「不能的」。那麼一來，如此全能全知的上帝，居然連這麼一塊他自己都搬不動的石頭都創造不出來，又何以配得上「全能全知的上帝」這樣至高無上的美譽呢？

其三：悖論的矛盾

何謂悖論？悖論亦稱為吊詭或詭局，是指一種導致矛盾的命題。通常從邏輯上無法正確判斷對錯稱之，有時違背直覺的正確論斷亦是。換言之，表面上同一命題或推理中隱含著兩個對立的結論，而這兩個結論皆無法自圓其說即屬悖論。

悖論的抽象公式即：若事件「A」發生，則推導出「非A」；或「非A」的事件發生，則推導出「A」。悖論是命題或推理中隱含的思維之不同層次、意義內容和表達方式、主觀和客觀、主體和客體、事實和價值的混淆及思維物件的不對稱。因此，所有的悖論皆是因為邏輯思維方式無法發現、解釋和解決而產生了邏輯錯誤。

以律師的官司及全能的上帝而言，因問題的結構不良，限制條件不嚴謹而導致矛盾，其後又不正確推導問題過程而造就了悖論的產生。換言之，一個問題的命題必需考慮其命題本身在邏輯上是否成立及能否履行的要件，其問題的可能性才得以成為可能。反之，便是矛盾詞語組合的存在及不具意義的句子。

故事引導：相看兩不厭，物我皆嫵媚

我見青山多嫵媚，料青山見我應如是。

辛棄疾〈賀新郎〉

我遠望那青山的姿態，是如此的俊秀可愛，猜想著當青山在看我的時候，應該也是如同我這般的心情吧！將其深情投注於自然，人與青山相知相契，審美主體的感情楔入了客體，於是主體感受藉由客體形象來做為揭示物我合一的內在情感。

憂者見之而憂，喜者見之而喜。你怎樣觀照世界，世界也會報以同等的姿態來作為回應。當我覺得開心、感到快樂，所看到世界的眼光便不自覺由衷的讚歎，萬事萬物盡是生命飽滿的正面能量。假定你覺得忿狷、感到悲戚，所看到世界的眼光便不自覺由衷的哀歎，萬事萬物盡是充斥生命的負面能量。換言之，以「同」的視野來欣賞世界，整個宇宙萬物皆是一體；反之，若以「異」的眼光來觀看世界，整個天地萬物都是疏離。

王國維認為「以我觀物，故物皆著我之色彩。」心境一經產生，將使人的體驗和活動都感染著情感色彩，這是生命主體的證言，天地自然的禮贊。悠悠宇宙，心靈觸動，以情喻景，以景訴情，情景交融。只要當下感動，剎那間所有的美好便能全然朗現。於是花將幸福舞動、鳥即優雅啁啾、魚亦快樂優遊。最後，當物我合一，主客對應，在我眼中有你，你眼中有我之際，才能於物我相看兩不厭之中而得到了心神領會的浪漫體悟。

2. 才下眉頭之知，卻上心頭之樂

原文對焦

莊子與惠子游於濠梁之上。

莊子曰：「鯈魚出遊從容，是魚樂也。」

惠子曰：「子非魚，安知魚之樂？」

莊子曰：「子非我，安知我不知魚之樂？」

惠子曰：「我非子，固不知子矣；子固非魚也，子之不知魚之樂，全矣。」

莊子曰：「請循其本。子曰『汝安知魚樂』云者，既已知吾知之而問我，我知之濠上也。」

〈秋水〉

濠梁：濠水的橋上。濠，水名，在安徽鳳陽縣。梁，橋。

鯈魚：白魚。

循其本：尋求其本源。

語譯對應

莊子和惠子在濠梁上漫步遊覽。

莊子說：你看水中的魚，從容地遊來遊去，可真是快樂啊！

惠子說：你不是魚，哪能知曉魚是不是快樂的呢？

莊子回覆：你又不是我，又怎麼會知道我不懂得魚的快樂呢？

惠子辯說：我不是你，當然不會明白你懂不懂得魚的快樂；可你也不是魚，所以你也絕對不可能知道魚到底快不快樂。我這樣說明解釋，還不夠明白清楚嗎？

莊子回答：讓我們回到問題的起點吧！你問我：「你怎麼知道魚的快樂」的這句話時，顯然你已知道我知道魚的快樂才來問我的。現在讓我來告訴你，我的這些感受，可都是在這濠水的橋上才得以體悟到的啊！

觀點探析

其一：莊子和惠子的悟道境界

針對莊子和惠子兩人立場迥異的論述，為了讓讀者迅速理解並掌握其要點，以下採表格方式，逐句剖析濠梁之辯的精采焦點對話。根據他們所持的價值觀及中心思想，來作為我們觀賞名道友朋精彩對辯的悟道境界。

（一）莊子曰：儵魚出遊從容，是魚樂也。

莊子的體會：

天地與我並生，萬物與我為一。天地合一，物我一體，感同身受。

莊子快樂，看魚出遊從容，也是快樂。我樂魚樂，一樂皆樂，同感快樂。

（二）惠子曰：子非魚，安知魚之樂？

惠子的理解：

「不同種族」不能相知；「不同個體」無法相契。

惠子已經有了只有魚才知道「魚之樂」的預設（魚類才瞭解魚類）。

因為「不同種族不能相知」，所以「莊子不可能知道魚的快樂。」

莊子「非魚」，所以莊子無從知曉「魚之樂」（莊子不是魚，如何知魚樂）。

換言之，莊子也只能是知道莊子自己的感受。

（三）莊子曰：子非我，安知我不知魚之樂？

莊子的回應：

根據惠子提到了不同個體無法相契，那麼你（惠子）也不是我，「你和我也不同呀！」既然你不是我，你又怎麼會知道我不知道魚的快樂了呢？

在這裡，莊子沒有直接回答他是怎麼知道魚是快樂的，而是反過來質疑惠子提問的前提可能得出矛盾的結論。

換言之，從惠子的敘述推論來看，那麼惠子也不是莊子本人，同樣的，也不能感受莊子的感覺。

結論：惠子不是莊子，怎麼得知莊子不知魚樂。

（四）惠子曰：我非子，固不知子矣；子固非魚也，子之不知魚之樂，全矣。

惠子的意思：

「我是不知道你不知道魚的快樂」，因為「不同個體無法相契」。既然「不同種族不能相知」，你（莊子）又不是魚，所以「你（莊子）是不可能知道魚的快樂的」。

結論：「莊子」和「魚」既是不屬於同一種族，也不屬於同一個體，如何能夠相互瞭解？何以能夠感知魚的感受？

（五）莊子曰：「請循其本。子曰『汝安知魚樂』云者，既已知吾知之而問我，我知之濠上也。」

莊子的辯解：

請讓我們回到問題的原點吧！

你問「我怎麼知道的」這句話時，就表示你不是我而能知我知魚樂，否則你根本也不會問我這個問題了。既然你不是我，而能知道我知道魚樂，那麼我當然也可以知魚樂了呀！

換言之，你肯定預知我可以聽得懂你的話，你才會發問。既然「人」「我」可以相知，那麼「物」「我」又為什麼不能相知呢？

尤有進者，既然你已經認同了「人」「我」可以相知，那就等於承認了「物」「我」也可以相知。如此一來，我可以知魚，魚當然也可以知我了呀！

結論：關於我的這些感受，可都是在這濠水的橋上才得以體悟到的啊！

由濠梁之辯可知莊子在文中泯除了物我二元對立的緊張，化解掉了大小、優劣、貴賤、是非、彼我相對關係中的分別比較，呈顯出渾然一體的狀態，進而達到天人合一的境界。無怪乎帶有藝術家感性的莊子，站在橋上當下，便能由衷的感受到濠梁之下出遊從容的魚樂。

反觀名家惠子，是站在直視的角度，懷疑的精神，以邏輯家的思維，做出客觀知識的分析與判斷。物我二分，區別了彼我不同，區隔了人魚相異，進而做出了不同種族，相異個體，無法相知的批判。

綜觀莊子和惠子之間的辯論，若以認知層面來看，兩人立場觀點不同，難分軒輊；若從欣賞事物的美感較之，兩人性格心態各異，難分勝負。換言之，以理性客觀的惠子對上了感性主觀的莊子，濠梁之上的觀魚感受，頻道不同的兩人，互有體會，也無怪乎才下眉頭之認知的惠子，無法意會卻上心頭之樂的莊子了。最終，濠梁之辯的名、道兩家，皆提供了我們能夠以多元思維的角度去理解事物，從而擴大了我們的視野，打開了我們的心界，而不必非得陷入勝負、是非、高低、對錯之境的矛盾泥淖裡。

其二：一皮天下無難事

因其派別立場，莊子和惠子之間的爭議點便大相徑庭。素有三寸不爛之舌的惠子以其客觀邏輯思維來質疑莊子，偏偏杠上了得理不饒人，向來就非省油之燈的莊子。這一論辯的精彩畫面，想當然爾，莊子肯定祭出以子之矛、攻子之盾作為還以顏色的招數。乍觀對話，感覺口若懸河的惠子竟出奇不意且不解風情的找砸莊子。可仔細推敲，又發覺狡獪的莊子並無意在惠子的問題下作出解決人的意識和物件關係的實質回應，反倒頗富心機地偷改了兩人對話了命題。即惠子原來的問題是：莊子「何以知道」魚之樂？而被莊子巧妙換成了：惠子肯定「早已知道」莊子知魚之樂。看似詭辯的莊子和不再陷入悖論及無限重複循環論證的惠子，留給後世的我們也以其不同理解的觀感，而給出對錯勝負標準不一的精湛評價。

在前章〈樗櫟之材〉中，談及到了「周將處材與不材之間。」有用無用，材與不材，皆要在天時地利人和之際，做出當下最有利情境的判斷。觀魚之樂，莊子以感性的主體心靈，從而進入了魚我相知、物我合一的主觀藝術體會，達到當下存在的審美境界。惠子則否定感覺經驗，區分客觀事實條理，純粹思辨思考，因而判定不同種族，無法相知；不同個體，不能相契。

試著跳脫名道各異立場的觀魚之辯，換個角度觀之，以下這則〈報考外交官〉的網路發燒笑話，又是一個悖離傳統的顛覆性思維。可提供我們腦筋急轉彎，以一種饒富趣味、善用現實的轉念態度，來做為契合當下情境的參考。不同於濠梁之辯的各抒己見，也不是見風使舵的隨聲附和。別出心裁的莞爾對話，另闢蹊徑的換位思考。不僅守正出奇，出奇制勝，到了最後，還因機智反應的笑果對話，而成就必有迴響的效果把握。

其三：報考外交官

阿莊報考外交官的崗位，以下是面試中的能力展示部分：

考官：聽說你在家經常打老婆孩子？

阿莊：他們以前連飯都吃不飽，但現在生活條件已經改善很多很多了。

考官：我是問你打過他們嗎？

阿莊：我們家的發展成就，是全村所有人有目共睹的。

考官：我沒問你那些，我就問你打老婆孩子了嗎？
阿莊：老婆曾經打過小孩，但是沒打掉。
考官：我沒問你那些事，我就問你有沒有動手打過老婆孩子？
阿莊：老張家經常打老婆孩子，你怎麼不問問呢？
考官：我問的是你，在家打老婆孩子嗎？
阿莊：你們家歷史上有沒有打過？據我調查你太爺爺一百多年前曾經打過老婆。
考官：我現在問的是你，打老婆孩子了嗎？
阿莊：我已經把不打老婆孩子寫進了家規。
考官：那你按照家規去做了嗎？
阿莊：家規是我們家的內政，別人無權干涉。
考官：你到底打老婆孩子了嗎？
阿莊：我譴責打老婆孩子的行為！
考官：我就問你打老婆孩子了嗎？
阿莊：你提這種問題是不負責任的。你去過我們家嗎？我邀請你去我家做客，便可親眼瞧一瞧。
考官：我就問你打老婆孩子了沒？
阿莊：我可以告訴你，最瞭解我們夫妻關係的人不是你，是我和我的家人。我有發言權，你沒有。
考官：你到底打沒打過？
阿莊：你的這個問題充滿了對我家的偏見和不知道哪來的傲慢。我們家歡迎一切善意的建議，但是拒絕任何無端的指責！所以請你不要再有這樣不負責任的提問！

接著，全體考官興奮鼓掌並異口同聲說道：

「親愛的阿莊，你通過了！我們一致認為：最最最稱職的外交官，肯定是非你莫屬了！」

3.相知相契的物我合一

精神主旨

物我消融無差無別，體道心靈當下感應，

精神美感超然自適，一樂皆樂至樂逍遙。

道家思想認為以道的立場來看，人和其他的物是齊等的。故在莊子美學的感知中，不必然需倚附一個特定的物件，因為物件只是主體心靈境界中的一種寄託。所以在觀魚之樂的視域裡，此「樂」不儘然是來自於「魚」而生其樂。對於魚自身而言，當然有它本身的感知層面，莊子只是把當下心靈觸動的有感心情寄託在魚的身上，藉由魚來道出莊子心中的樂罷了。物我合一的「物」，可以是魚，也可以是視野所見、心有所感的萬事萬物。是一種相知相惜、互有默契的移情作用，是物我消融到無差無別，因而使得體道的心靈當下有所感應。

人的精神在獲得解放的移情保障時，心靈便可優遊於無限的自由境域，生命便能獲得了藝術的美感體驗。換言之，只有在打破物我對立、差別妄見，精神美感才能湧現。精神美感一旦湧現，便能以同情的態度來體悟剎那即美好的超然自適。感覺到自己是個快樂的人，就是一個最最快樂的人；反之，感覺不到自己是個快樂的人，就是一個離快樂最最遙遠的人。於是，在萬物融合於道體之際，可以一樂一樂，能夠萬物快樂，漸而達到至樂逍遙的心領神會。

荃者所以在魚，得魚而忘荃；蹄者所以在兔，得兔而忘蹄；言者所以在意，得意而忘言。吾安得夫忘言之人而與之言哉！

《莊子・外物》

捕獲到了魚就該忘掉了漁網，捕捉到了兔子就應丟棄捕獸的器具。意思是一旦意會到了語言文字所要表達的意境要旨，便能拋擲語言文字所帶來的制約。無所罣礙，逍遙自在。

人的生命自有其無限的可能性，因此對於一切的可能性必須予以尊重。荃是捕魚的工具，蹄是捕兔的工具，得魚忘荃，得意忘言，事成之後，就該忘卻藉以借力使力的成功手段條件。就好像言語是表達意義，意義溝通交流完成後，就該將言語忘在一邊，成就得道忘知的功夫。「哲學，是想用有限度的語言，去表達無限度的宇宙」，正是莊子對於自由與認知的堅持，其最終目的就在於消解人為的桎梏。思維的飛馳，也只有在人的精神獲得解放之後，才能得到真正的保障。唯其如此，人的意志才能優遊自在地翱翔於認知的天空，達於得道忘我之物我合一。

反思討論

以日常經驗出發，觀點運用揀選，相較之下，究竟誰最富精采？

莊子：既可自知，又能知他。

惠子：僅能自知，無法他知。

為何莊子能夠因感受得到魚樂，而惠子卻是不行呢？這是因為心靈境界層面相異的緣故。莊子入無待之境，深切體悟魚樂；而惠子依其分別之知，區隔了人魚、物我對立之分，也就是處於二元對應的關係之中，心靈境界因此而有所不同。惠子的觀點是人只能自知，不能他知；而莊子的觀點則是人既可自知，又能感知其他事物。莊子偏於美學上的觀賞，重視同，認為人與物可以相通；惠子著重知識論的判斷，重視別，認為人與物無法溝通。不同的認知態度，是由於他們性格上的相異，莊子具有藝術家的風貌，惠子則帶有邏輯家的個性。由下表便能更清楚的理解道家莊子和名家惠子思想見解間的差異。

名家苛察繳繞，使人不得反其意，專決於名而失人情，故曰『使人儉而善失真』。若夫控名責實，參伍不失，此不可不察也。

（司馬談《論六家要旨》）

惠施	莊子
名家	道家
客觀認知	主觀感受
理性	感性
力辯求真	巧辯尚美
實事求是的純粹思辨	移情作用的心靈感應
重視知識探討，邏輯家的個性。	不假文字推理，藝術家的特色。
區分名實	物是齊等
不同種族，相異個體，無法相知。	得魚忘荃，得意忘言，得道忘知之物我合一。
蔽於知	得其道

惠施是名家代表。名家過份嚴格，繁瑣重複的概念名稱，又不讓人持反駁意見，專注於概念名稱失去了一般常理，使人容易迷失事物真實的一面。所以說「它會使人受約束而喪失了真實性」。至於循名責實，要求根據名分和實際進行比較，以致於不會造成錯失遺漏，這種主張亦要認真考察的。

理性思考，好辯、重分析，對於事物有追根究柢的認知態度，重在知識的探討，邏輯家的個性。一力辯，一求真，一拘泥。

就事論事，覺得不同種族不能相知。「濠梁之辨」中認為魚和人非同類，無法相互感知彼此的感覺。人無法感知魚是否快樂，同樣的也不會將自己的快樂移轉到外物之中。故持此一觀點來質疑莊子，層層逼問他是如何能夠得知的呢？

整個論辯的過程中，惠子始終保持理性且有條理的就語言的邏輯和推論得到了這樣的一個結論：不同種族，相異個體，是絕對無法相知互解的。由於這種確定性，並非感覺經驗所能提供，歸於純粹思考，而否定感覺經驗。因此魚樂的境界沒有逍遙，不再自在，直視事實原狀的態度，汲汲索問如何知魚樂的問題，結果反倒被其「知」所蒙蔽了。

莊子是道家代表。道家思想認為從「道」的立場來看，人和他物皆是齊等的，因此莊子會說他能感知魚的快樂。惠子的觀點是人只能自知，不能他知；而莊子的觀點則是人既可自知，又能感知其他事物。莊子偏於美學上的觀賞，惠子著重知識論的判斷。迥異的認知態度，是由於他們性格上的相異；莊子具有藝術家的風貌，惠子則帶有邏輯家的個性。

莊子重視同，認為人與物可以相通，對於外界的認識帶有欣賞的態度。將主觀的情意發揮到外物上，而產生移情感知的作用，具有藝術家的風貌。一巧辯，一尚美，一超然，求的是一種當下活潑自在，不假文字推理的真知，因此莊子能於觀魚之中得知魚之樂處。

惠子以實事求是、科學辯證的態度，能夠區別名實、理論解析，冷靜直觀物件，運用懷疑精神，追根究底的將事實還原。莊子則以人魚、物我的直覺感受來斷言魚樂，以移情效應來托物寄情。從首句「鯈魚出遊從容，是魚樂也。」到末句「我知之濠上也」。存在感受，物我合一，逍遙自適，一氣呵成。是故，以其日常經驗出發，觀點運用揀選，莊子惠子則各有所長，難分軒輊。若問誰最富精采？「周將處材與不材之間。」有用無用，材與不材，皆要在天時地利人和之際，做出當下最恰當有利的情境判斷。換言之，與其探討誰勝誰負的問題，倒不如抱持著學習啟發的心態，同情並理解他們留給後人開放性的省思啟示，即是精神思維的深刻內涵和價值觀點的分析把握。

唱和呼應

♪改編自兒歌〈小星星〉

一閃一閃亮晶晶，
滿天都是小星星，
掛在天空放光明，
好像千萬小眼睛，
一閃一閃亮晶晶，
滿天都是小星星。

♪改編後

儵魚出遊從容，是魚樂，
子非魚，安可知魚之樂？
子非我，安知我不知魚之樂？
我非子，固不知子矣，
子固非魚也，子不知魚樂，
請循其本，我知之濠上也。

第八章　朝三暮四

1. 當局者迷，旁觀者清

故事引導：只緣身在此山中

橫看成嶺側成峰，遠近高低各不同。
不識廬山真面目，只緣身在此山中。

蘇軾〈題西林壁〉

這是詩人蘇軾行至廬山，有感於山勢奇美，於是借助廬山的形象，深入淺出地表達了饒富人生的哲理，從而寫下了這首耐人尋味並傳誦久遠的〈題西林壁〉。

「橫看成嶺側成峰，遠近高低各不同。」意思是說廬山從正面看是一道道丘壑縱橫、綿延逶迤的峰巒高嶺；從側面看卻是一座座巍然突起、聳入雲端的峭拔奇峰。所處位置的不同，望見的山色和氣勢也就風景各異。無論是從遠處、近處、高處甚至是低處觀看，時間不一，角度不同，形象感受各異，便呈顯出千差萬別的廬山風貌。可究其實，看的都是同樣的事物。一如同是一朵梅花，有人讚歎它臨寒傲霜，有人卻哀歎它孤芳落寞；本是一塊石頭，有人覺得它冥頑不靈，有人則欣賞它堅韌不移。既是同一種事物，何以理解卻是大相徑庭？答案其實很簡單，觀察事物角度的不同而已。

後兩句「不識廬山真面目，只緣身在此山中。」借景說理，猶如畫龍點睛，道出了遊山的體會。然而為何無法看到廬山的真實面目呢？那是因為作者身在廬山之中，由於所處位置的限制，觀看問題起點不同之步移形換，千姿萬態的廬山氣象，便在他局限片面的視野給籠罩遮蔽了。因此，只能是見樹不見林，無法見著廬山的全景風貌。觀山如此，人生百態又何嘗異於此理呢。

綜觀大千世界，所有人事物的角度層面，何其廣深，要認識事物的現象風貌，觀察問題就應該更全面客觀，冷靜分析事物的本質，理性判別事物的是非。即便剛開始也許僅是看山是山，看水是水，但只要肯深入去探究，用心去理解，用腦去沉思，不囿於一己之見，別有一番體悟後，生命層次自會高升舒展。既然心境已然跳脫以往的執拗，最終，所看的山便可以是非山，所望的水便能夠是非水。

人不僅要認識自我，認識物象；亦須超越自我，超越物象。欣賞湖面上悠遊的天鵝，若只是贊其高雅悠閒的姿態，卻不見湖面下辛勤划水的雙蹼；學習當下成功的企業家，若只能羨其表面無盡的財富，卻忽略背後艱苦心酸的奮鬥歷程。僅是立定不動，迷於事物的表象而忽略其後的付出與努力，視野也將被蒙蔽在狹隘的角落。倘使不能擺脫主觀成見，無法避免坐井觀天、以偏概全，就得不出正確的結論，同時也將無法自當局者迷的此山之中，而邁開旁觀者清的自得步伐。

故事引導：欠一個轉身

只管眼前路，沒了身後身。

電影《一代宗師》中葉問與宮寶森的「以餅會武」之後，宮二難以承受其父宮寶森就這麼給輸了，於是她找上葉問，以其宮家六十四手挑戰葉問。此戰非關輸贏，卻也戰出了人性的氣度。之後，宮二對葉問說：給你看六十四手，是想讓你明白，人外有人，山外有山。拳不能只有眼前路，而沒了身後身，希望你可以舉一反三。

詠春拳講求的是「眼前路」，兩點之間的直線距離最短，因此基本上是走直線的面對面攻擊，這是葉問向前看的處事性格；八卦掌追求的是「身後身」，以為兩點之間最短但不一定是最快，因此八卦掌經常是繞到敵方背後再乘勢出擊，這同時也造就了宮二只懂得回首舊事以致抱撼而終的悲劇命運。本只是功夫的比喻，卻也代表著迥然不同人生的選擇態度。一人一直在眼望前方，而另一人卻永遠是顧盼回眸。

為什麼葉問說「你欠缺一個轉身？」因為宮二選擇留在過去，並始終背負著道統使命，無法拋擲枷鎖，不願適意的往前看去。於是，本可坐享幸福的人，在眼前路的人生大道上，卻只能是不斷的遺憾，徒留下踽踽獨行的身後身。反觀葉問在失去妻子後，留下了一句「從此我只有眼前路，沒有身後身，回頭無岸。」為什麼無法回頭轉身？當一個人一無所有且退無可退的時候，赫然發現原來生活本身才是最高最艱難的大山。除非擺脫昔日羈絆，放棄本有身段，在有限的環境裡開展出無限的眼前路外，再無回頭之身路了。

「眼前路，身後身。」能進攻亦可退守，但凡能精准看透時勢，把握當下，瞻前顧後又進退自如的人又有幾個呢？好比父親諄諄告誡宮二的道理：「人活這一世，能耐還在其次。有的成了面子，有的成了裡子。盛開凋零，皆是時勢使然。」面子裡子之間，這一口氣也唯有自己能知根知底，畢竟是人在江湖、身不由己，哪怕不是江湖人，人生也有太多的時候是由不得己。這也說明了並非每個人都有機會能輕鬆轉個身的華麗走完這趟漫漫人生路。「寧在一思進，莫在一思停。」醍醐灌頂的人生智慧，有多少人是義無反顧的精進，而造成了折戟沉沙；又有多少人是稍停思忖的沉潛，卻是換來了終生止步。

火候不夠，眾口難調；火候過了，事情就焦。同樣是招「老猿掛印」，便道出不同功夫的人生智慧。老猿掛印回首望，關隘不在掛印，而是回頭。與人交手，前進後退，一因一果，一飲一啄，全是功夫。人生沒有後悔藥，再回頭已是百年身，若不能以理性客觀來判斷局勢，破除執念，到了最終，誰都難以回頭。

只管眼前路，沒了身後身，說到底了，便是「欠一個轉身」。一個圓融華麗，超越是非的轉身。

2. 聰明何以不被聰明誤

原文對焦

勞神明為一而不知其同也，謂之朝三。何謂朝三？狙公賦芧，曰：「朝三而暮四。」眾狙皆怒。曰：「然則朝四而暮三。」眾狙皆悅。名實未虧而喜怒為用，亦因是也。是以聖人和之以是非而休乎天鈞，是之謂兩行。

《莊子・齊物論》

神明：指心思，心神。
狙：猴子。
狙公：養猴子的人。
芧：橡栗。
天鈞：自然均衡的道理。
兩行：物與我，即自然界與自我的精神世界都能各得其所，自行發展。

語譯對應

費盡心思追求，才能瞭知事物渾然為一，卻不明白萬物本來就具備相通的道理，這就叫做「朝三」。然而什麼是「朝三」呢？養猴的人拿著橡栗餵食猴子，說：「早上分三升，晚上給四升」。猴子們聽了各個火冒三丈。養猴人便改口說：「那麼就早上分四升，晚上給三升吧！」猴子們聽了立刻轉怒為喜，開心不已。究其實，名稱和實際都沒有發生任何的虧損，卻只因養猴人巧妙的變通，進而改變並左右了猴子們的喜怒變化，這便是順應情勢而做出的權衡反應。因此，古代聖人從不執著己見，能夠調和是非，平衡自然分際，這就叫做「兩行」，即物我之間各得其所，是非並行而不衝突。

朝三暮四：朝是早晨，暮是夜晚，三和四均表示數量，其總和皆為七。這裡借此來譬喻其「名」雖不一，「實」卻絲毫無損，總的來說都歸結為實質不變的「一」，卻被有心人巧立名目來讓人受騙上當。因此，朝三暮四亦是要告誡人們須注重事物的實際本質，以防被表面假象給蒙混欺騙。現指說話辦事意志不堅，主張不定，不能辨別形勢而經常發生變卦及反復無常的人。

任何問題不免摻入主觀的色彩，倘若只懂得盲目追求，計較表面得失，卻不深究事物的本質及原由，以固拗偏囿來左右客觀真理。各自為維護各自立場的結果，將無法避免陷入是非紛擾的漩渦，而讓人有機可乘。

辯者以其能言善道來偽飾人心，忖度人意，猶如狙公深諳眾猴的無知愚昧，以「名實未虧而喜怒為用」的花言巧語來矇騙猴子。知道三加四無論如何變化總數都是七，既然總數不變，略用手段調整其次序便能夠影響猴子們的判斷和認知，因而全然掌控了猴子。所謂的「名」是人為的，而「實」則是來自於道。若說實是七升橡栗，如此一來，朝三暮四和朝四暮三，名實未虧，便無差無別。

朝三暮四和朝四暮三，寓言極其諷刺，說的都是同樣的道理。因物心常存在著先入為主的觀念，拘泥於片面的是非標準，自以為是的排除異己，而造成了真假對錯及喜怒哀樂結果的不同，無法在紛亂雜遝中悟出兩行天鈞的真理。比如「眾盲摸象」，許多瞎子摸象，摸到象牙的人說象長得跟砧板一樣；摸到象腿的說象長得像根柱子；摸到象耳朵的卻道象長得跟畚箕一樣。大家各執一詞，爭論不休。因為各自摸到的僅是象的一小部分而非整體，不明真相而以偏概全的結果，肯定沒有一人能夠猜的正確。換言之，在日常生活中，每個人對事物的看法不免抱持偏見，然而當世界被成心包圍，被不同的我執圍剿時，一切便籠罩在假象之中，真正的實反倒被隱藏了起來。因著朝三暮四和朝四暮三的盲點，終將偏離了道通唯一的實相。

聰明的人經常是鑽牛角尖、自以為是，反而被聰明所誤；愚昧的人則是被人擺了一道還自顧自的沾沾自喜，糊裡糊塗的不知應變，因而更加愚蠢。然而究竟要在哪建立標準而能夠避免爭執呢？答案就在「道」。它啟示著我們，對待事物要善於透過現象看清本質，無論形式如何變化，本質終將不變。你看到正面，也必須瞭解反面；看了東邊，也要明白西邊；知道嚴冬的凜冽，也要知曉春意的和煦。聞一知十，瞭解一即一切，便能脫離眾盲摸象的錯誤窘境，不再只是知其一而不聞其二，不會陷入執迷不悟的困境。

所以聖人和光同塵，通過齊物，超越是非，以其萬物同源並調和紛爭於自然均衡，物我並行，各得其所，這就叫做兩行。尤有進者，客觀主觀並行不悖，物我各得其所，無論現實處境如何，都能保持內心虛靜，順物而為，不妄作為，最終在精神上達到了真正的逍遙自適。

3. 名實未虧而喜怒為用

精神主旨

無此之囿見，無彼之所欲。
化偽得妙道，悟解更兩行。

道惡乎隱而有真偽？言惡乎隱而有是非？道惡乎往而不存？言惡乎存而不可？道隱于小成，言隱於榮華。故有儒墨之是非，以是其所非而非其所是。欲是其所非而非其所是，則莫若以明。

《莊子・齊物論》

天道究竟是被什麼給遮蔽以至於有了真偽的存在了呢？言論究竟是被什麼給遮蔽以至於有了是非的發生了呢？道是無往而不存的，言論是超出其是非的。道是被小有見識成就的人物給遮蔽的，言論則是被巧飾華美的言辭給隱蔽的。因此才會有了儒墨兩家是非對錯的相互辯爭，雙方皆自以為是，而以對方為非。若以對方所認定的非為是，又以對方所認為的是為非，倒不如保持澄明的心境來觀照事物本然的情形。

宇宙的本體是絕對同一的一體，一旦這個道體在運作時，所產生的千差萬象的概念便會有所不同。而所謂的不同，是不同於現象作用上，其道體本質仍是相同的。概念的區分，可以成就新的事物，但這樣的成就亦會打破了事物本然的模樣。可是萬事萬物其實並無所謂的成就與毀壞，只不過都是隨著道的運作中而有所變化，即是在道之中相通為「一」。換言之，也只有明白及通達於道的人，知道萬事萬物皆不離事物在道理相通為一，因此不會將道作概念的區分。破除了以道做為概念的局限，便能因通達於道而成就於道。到了最後，便得其一道了。

即使我與若辯矣，若勝我，我不若勝，若果是也？我果非也邪？我勝若，若不吾勝，我果是也？而果非也邪？其或是也，其或非也邪？其俱是也，其俱非也邪？我與若不能相知也。則人固受其黮暗，吾誰使正之？使同乎若者正之，既與若同矣，惡能正之？使同乎我者正之，既同乎我矣，惡能正之？使異乎我與若者正之，既異乎我與若矣，惡能正之？使同乎我與若者正之，既同乎我與若矣，惡能正之？然則我與若與人俱不能相知也，而待彼也邪？

《莊子・齊物論》

假如我與你辯論，你勝了我，我卻沒贏你，如此一來，你果然是對的嗎？而難道我就真的是錯的嗎？倘若我勝了你，你卻沒能贏我，我果真是對的嗎？你又確定自己真的是錯的嗎？我們之間有一個人是對的，還是有一個人是錯的，又或者是我們兩人皆對，還是我們兩人都錯了呢？我與你不能相互知解，可見人與人之間都有偏見，那麼，我們又該將請誰來做為評斷呢？如果讓和你意見相契的人來評判，既然他都已經認同你了，又豈能做出公正的裁斷呢？倘若讓和我意見相當的人來裁定，既然他都已經贊同我了，又豈能做出公允的裁決呢？假使請意見皆和你我相左的人擔任評判，既然他的觀點皆異於你我，又怎能做出公允的裁示呢？換言之，如果再讓觀點與你我全部相同的人出任評審，既然他的觀點皆同於你我，又豈能做出公平的判定呢？既然你與我以及任何人，都無法相知相解，我和你以及其他人，又如何能評斷孰是孰非了呢？

每個人各有各的勝場，各有各的思路，各自用各自的方式，呈顯出各自的成就。於是，其中便無掉了是非對錯的問題。於是，父親有父親的好，母親有母親的好，孩子有孩子的好，你活出你的好，我活出我的好，每個人都能活出自己的自在與美好，在彼此維護彼此最適當的關係與狀態之下，人人皆能活出各自的無限精彩。

無論是「朝三暮四」亦或是「朝四暮三」，其寓言的精神主旨便是「名實未虧而喜怒為用」。不拘泥於原有的觀點，無分彼此之所欲所求，也就是無此之囿見，無彼之所欲。化解了人為的窠臼，平息了是非爭端，突破了自我界限，悟通了自然妙道，以本然之心反歸於真實，經由維護事物的均衡而完成休乎天鈞的工夫。萬物便在道中相通齊一，於精神世界中各安其所，終而達至「兩行」的最高境界。

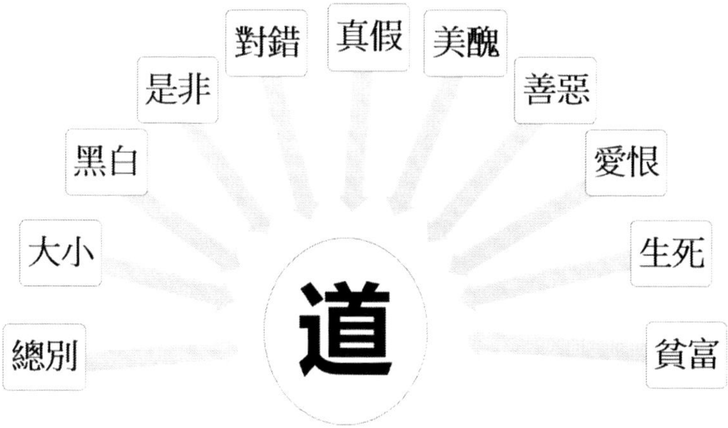

反思討論

如何反思萬物皆通的奧秘，跳出執著的思惟角度，當下活出各自的精彩美好呢？

看待各種事物時，需從更廣的角度看待他人他物，將總體綜觀並細探個別，化解掉總別差異。重要的是，從事物本身來看事物，才能體察萬物相通的道理，不因陷入一時的喜怒哀樂而使情緒遭受操弄。至於大小、黑白、是非、對錯、真假、美醜、善惡、愛恨、生死、貧富……等等，皆是出自於相對性的比較。區分事物的不同性質，知通達、遊無窮，不盲於人為造作，才能自適逍遙。「是以聖人和之以是非而休乎天鈞，是之謂兩行。」如前文所述，聖人能調和是非深入綜觀，跳出執著的思惟角度，打破此是彼非，物我之間將各得其所。如此一來，反思萬物皆通的奧秘，當下活出各自的精彩，才能達到了條條大路皆通於羅馬的兩行之境。

唱和呼應

♪改編自劉若英〈後來〉

後來……有些人一旦錯過就不在。

♪改編後

朝三，而暮四，眾狙皆怒，

朝四而暮三，眾狙皆悅，

名實未虧而喜怒為用，

聖人和是非，休乎天鈞，是謂兩行。

為尊重及保護著作財產權，僅列出改編歌詞的曲目、主唱者及頭尾歌詞，方便讀者自行查找改編處。

第九章　庖丁解牛

1. 勞神傷身有恆養生

故事引導：三種變形的人生境界

尼采以自身體驗，試圖對跨越深淵的方法提出解釋。在《查拉圖斯特拉如是說》一書中指出人生精神境界的三種變形，同時也是對於超脫於人間世中的超人誕生，與其精神三變的過程來做為變相呼應。三種變形分別為：精神如何變成駱駝，駱駝如何變為獅子。到了最後，獅子再如何變成了孩童。

第一境界：沙漠之舟的駱駝

代表著人類精神的最初階段，象徵著忍辱負重的入世性格，被動聽命於他人並承受命運的宰制。駱駝孤獨地在荒漠中行走，為了覓尋滋養生命的綠洲，為了突破逆境的堅毅生存，必須長期忍受烈日烤炙以及乾涸無助的揪心苦難。即使面對漫漫滾沙，前路茫茫，依舊肩扛傳統、屈膝承受。成就了只能負載，只有敬畏順從；不能創造，沒有抗爭能力。儼然是一個任重而道遠，死而後已的悲劇形象先驅。

如同初初入行的社會新鮮人，工作物件認識不清，實務經驗不足，面對排山倒海的壓力，身不由己的隱忍，卻又不知為何而戰。以其「應該如何」照單全收的全然宿命觀，來做為長期生活及成長的價值指標，這便是所謂的駱駝精神，即人生修練的初階技法。

第二境界：森林之王的獅子

在諸多的無力感以及崩潰邊緣不斷地與之招手，終於在壓倒駱駝的最後一根稻草下，於精神上蛻變成反抗格鬥的獅子。而一說到獅子，便讓人聯想為主動犀利，雖千萬人吾往矣的敢於天下先，一怒而為天下懼的萬獸之王。勇於挑戰權威，扭轉價值，抨擊道德，爭取自由。成就了一個戰鬥力強，能夠主宰他人，勇敢做自己的主人。

就職場而言，此時對於工作認識精確並有效把握，亦積累了足夠人生閱歷的實務經驗，懷抱人生，活出夢想，開創嶄新局面，處於高階熟技的光芒象徵。

可人生豈有著絕對如駱駝般被動承載的宿命，又或是如獅子般義無反顧地勇闖宣戰。卸載傳統價值強加的負載，實現精神的自由解放，便意味著更要有著敢於承擔責任的風險與擔當。拳拳服膺誰與爭鋒之下的「我要」信條，在諸多困難的抉擇中，便不免於在蠻橫廝殺的野心上，聲嘶力竭的疲憊下，創造新價值的披荊斬棘裡，終於了終於，終於迷失了自我。

第三境界：反璞歸真的孩童

從傳統弱者、消極被動、敬畏順從、拳拳服膺並一直被賦予「你應該如何」的駱駝境界，進化為重拾生命主導權的開創強者、積極主動、挑戰權威、懷疑否定，從而開展出「我要如何」的獅子境界。兩端不斷拋擲的駱駝和獅子，在歷經千錘百煉的成長艱辛路後，終於能夠回歸生命原點而再次出發。

老子說：「復歸於嬰兒。」「專氣致柔，能嬰兒乎？」孟子亦言：「大人者，不失其赤子之心者也。」超越了駱駝和獅子的被動至主動，脫胎換骨從而活活潑潑的在自在當下中展開心靈生命的新境界。風雨過後沉靜，破壞轉成創造，流放化為依歸，喪失終將回復。「我是！」「我在！」的聲音回蕩，這便是內在催生、主體確立，精神完善了意志。於是，天真爛漫的孩童境界於焉出現。

孩童純真的誕生，是狂暴肆虐，是掙扎搏鬥之後的和解。生命有了神聖肯定，天地大美至善存在的當下，「依乎天理，因其固然。」便是個體超人真切湧現的使命。此刻反璞歸真的孩童境界，代表著內心的寧靜、和諧，天空澄明、大海湛藍。不再自我糾結，不與天地萬物對立，拋擲陳舊故步，才能更上層樓，才能將其自我生命，安立在含德之厚的心靈本真當中。

故事引導：三見山水的人生修行

懇請感官讓出位置，累積人生經驗及價值思考，進而超越感官。於是，普魯斯特便說：「我們需要的不是新的景觀，而是新的眼睛。」對於人生的認識，可依其以下三見山水來做為人生修行的漸遞心境。以景觀觀之之見山是山，見水是水；接著，以新的眼睛奮挺觀之之見山非山、見水非水的豪情壯志。於此同時，若能因此翻轉，頓悟到見山終是山，見水猶是水的心靈感通。那麼一來，心是無聲默契的難能可貴，便會因著天地萬物都是真真切切、活潑朗現的涵蓋乾坤，截斷貪嗔癡之無窮眾流，過往至今的隨遇，便能在仰望藍天、雲與風逝、洞澈因緣的隨波逐流中，成就了「眾裡尋他千百度，驀然回首，那人卻在燈火闌珊處」之人生寶貴經驗的相惜相依。

第一境界：見山是山，見水是水的爛漫天真

見山是山，見水是水。是說一個人憑藉感官而初識世界，一如稚子的爛漫而天真，懵懂而好奇，真實而純粹。眼睛所望什麼便深信是什麼，隨心率性，喜怒皆形於色。世界好大，人生真美，山清水秀、山水如畫、山水一色、山水相依，無不然是遠望山有色，近聽水潺潺的快樂崇拜。

然而，世界規則並非全然是雙眼所見的過度樂觀。不知山高水深，不究事物表面背後的存在意義，從而自顧自斷然的予以給出定義。關乎紛繁複雜，蠅營狗苟，又豈是不食人間煙火的初入叢林迷兔，所該兀自儆惕的前行大事呢？

執著山，執著水，執迷不悔於事物的光鮮現象，傻傻分不清現實世界的金科玉律。見山是山，見水是水的爛漫天真，獨上高樓，望盡天涯路的單薄，獻上最最熱血的璀璨溫度，終是仍未入門入定的第一境界之樣態啊！

第二境界：見山非山，見水非水的世故練達

獻上最天真熱血的溫情來待看人生山水，靠得更近，處得更久，漸漸發現了山外竟然有山，水外

仍舊有水。紅塵俗世中的黑白竟能自顧自得顛倒，是非對錯亦能似隨天氣變化而朝三暮四的混淆。古道熱腸的背後，是心細如麻的惡鬥。虛偽面具下隱藏著太多人前手牽手，人後下毒手之機關算盡的潛規則。於是霧裡看花，於是似幻似真，於是再回不去見山是山，見水是水的來時之路了。

我見山水多彷徨，料山水見我應如是。無論是選擇積極挺進、向前奮振，亦或是迷惑彷徨、痛苦掙扎於妥協後的宿命俗世。兩害相權如何取其輕？兩利相權又該如何取其重？患得患失，搖擺不定於衣帶漸寬終不悔，為伊消得人憔悴之際。試問？在人生顛簸初始之時，誰又能輕聲召喚自己於懸崖勒馬之境呢？於是啊於是，真心一旦墜跌就不能飛的天真爛漫，便活脫脫的鑲嵌在見山非山，見水非水之價值觀瓦解的世故練達之中了。

第三境界：見山是山，見水是水的老僧入定

海德格言道：人的一生，很少活在「我」，活出「自己」，大部分時間反而是活在「他者」，活在「別人」。匆匆過客，窮究一生，越過太多的高山峻嶺、經歷太多的形色事物。在大千世界經年累月的修持下，謹小慎微，掌握規律，抓住本質，避開鋒芒，終於得以練就一身順應自然、心神運作的老僧入定。寵辱不驚，看庭前花開花落；去留無意，任天外雲卷雲舒。不以物喜，不以己悲的「依乎天理，因其固然。」則更添顯出曾經滄海難為水，除卻巫山不是雲的豁達與淡定。

以一顆低調藏鋒、泯除成見、物我兩忘的謙卑心態來化解對立。行到水窮處，坐看雲起時的心轉境轉、茅塞頓開，已然較第一階段的見山是山，見水是水的爛漫天真，更添增了一份在歲月洗禮下的處世之道與為人內涵。無掉了烏雲密佈、雲霧繚繞的迷亂混淆，無掉了隱藏在本來面目後的糾結猙

獰。揮揮衣袖，撥亂反正，將心定住，便能在眾裡尋她千百度，驀然回首之後，見山仍舊是山，見水依舊是水。卻在燈火闌珊處的老僧入定中，體悟到人生處處皆美好的況味百態。

2. 存乎技中之道之心

原文對焦

庖丁為文惠君解牛，手之所觸，肩之所倚，足之所履，膝之所踦，砉然向然，奏刀騞然，莫不中音；合于《桑林》之舞，乃中《經首》之會。

文惠君曰：「嘻！善哉！技蓋至此乎？」

《莊子・養生主》

踦：抵住。

砉然：骨肉相離的聲音。

騞然：比砉然更大的操刀切割聲。

桑林：傳說中商湯王的樂曲名。

經首：傳說中堯樂曲《咸池》中的一章。

會：旋律、節奏。

廚師替文惠君肢解牛。他手所接觸的，肩所依靠的，腳所踩踏的，膝所抵住的，無不嘩嘩作響。刀插進去，霍霍有聲，沒有不符合節拍音律的，既是配合《桑林》舞曲，也吻合了《經首》樂章。文惠君說：啊！真是太厲害了！此一技術，究竟是如何達到如此出神入化的地步呢？

庖丁釋刀對曰：「臣之所好者道也，進乎技矣。始臣之解牛之時，所見無非全牛者。三年之後，未嘗見全牛也。方今之時，臣以神遇，而不以目視，官知止而神欲行。依乎天理，批大郤，導大窾，因其固然。枝經肯綮之未嘗，而況大軱乎！良庖歲更刀，割也；族庖月更刀，折也。今臣之刀十九年矣，所解數千牛矣，而刀刃若新發於硎。

〈養生主〉

官知：這裡指耳目之官。
神欲行：指精神活動能夠隨心所欲。
天理：指牛體的自然的肌理結構。
郤：同隙，指筋骨的間隙
道：同「導」，順著，引刀而入。

窾：骨節空穴處。
枝經：猶言經絡、支脈。
肯：緊附在骨上的肉。
綮：筋肉盤結處。
軱：股部的大骨。
硎：磨刀石。

廚師放下了刀，回答說：我所愛好的是道，早就已經超過技術的層次了。我在最早開始肢解牛時，所見到的不過就是一整頭牛；三年過後，就不曾看見完整的一頭牛了；就以現在的情況來說，我是以心神來領會這頭牛，而非以眼睛來觀看牛，停止了感官作用，而是靠著心神隨心所欲的充分運作。

依照著牛體自然的生理結構，劈開筋肉間的空隙，引刀導向骨節的空隙，依順著牛體本來的結構下刀。那些經絡相連、骨肉相接的地方連碰都沒有碰到，更何況是那大骨頭呢！好的廚師每年更換一把刀，因為是用刀割筋肉；普通的廚師則是每個月更換一把刀，那是因為他是用刀來砍骨頭。而如今我的這一把刀已經用了十九年，肢解過數千頭牛，然而刀刃卻仍舊像是剛從磨刀石上磨過的一樣鋒利。

彼節者有閑，而刀刃者無厚，以無厚入有間，恢恢乎其於遊刃必有餘地矣，是以十九年而刀刃若新發於硎。雖然，每至於族，吾見其難為，怵然為戒，視為止，行為遲。動刀甚微，謋然已解，如土委地。提刀而立，為之四顧，為之躊躇滿志，善刀而藏之。」文惠君曰：「善哉！吾聞庖丁之言，得養生焉。」

《莊子・養生主》

恢恢乎：寬綽的樣子。
怵然：警懼的樣子。
謋然：解散。

因為牛的骨節之間有空隙，而我的刀刃薄的幾乎沒有什麼厚度。以沒有厚度的刀刃切入有空隙的骨節，自然是寬綽而遊刃有其餘地了。所以這把刀用了十九年，刀刃都還像新磨過的一樣。

可即便如此，每當遇到筋骨交錯盤結的部分，我知道不好處理，也都會更加地小心謹慎，目光集中，舉止緩慢，然後稍微一動刀，牛的肢體便會嘩啦啦地給分解開來，就好像是泥土一樣地潰散落地。這個時候我便提刀站立，環顧四周，心滿意足而從容自得。最後，再將刀刃擦拭乾淨而收藏起來。

文惠君說：好啊！我聽了廚師的這一番話語後，便是懂得了養生的道理了。

「庖丁解牛」一文首段描寫庖丁為文惠君解牛的場面。手、肩、足、膝之舉手投足的和諧精練；觸、倚、履、踦之優美流暢的自然節奏。砉然、向然、騞然則意味所發之音適得其情，皆收攝在無不符合節拍音律的「中音」以及悅耳的《桑林》舞曲和《經首》的樂章之中。

莊子不言宰牛，不說殺牛，偏講解牛，已然將解牛血腥場面的誇張過程，巧妙鋪繹成了韻律優美的肢體畫面。浪漫美感的視覺體驗，歎為觀止的道藝饗宴，極富文學巧藝之美。無怪乎文惠君會發出情不自禁的讚歎：「啊！真是太厲害了！這技術究竟是如何達到如此出神入化的地步呢？」

文惠君著眼於熟能生巧之「技」的「嘻！善哉！技蓋至此乎？」相對於心神領會之「臣之所好者道也，進乎技矣。」的庖丁論「道」，此為兩人層次不同、境界相異從而埋下了伏筆。

由下表便可輕鬆掌握從練「技」至悟「道」的解牛過程以及心態變化：

第一階段	第二階段	第三階段
始臣之解牛之時。	三年之後。	方今之時。
所見無非全牛者。	未嘗見全牛也。	官知止而神欲行。
族庖月更刀，折也。	良庖歲更刀，割也。	十九年刀刃若新發於硎。
初階練技。	高階熟技。	養生之道。
初初入行，工作物件認識不清，實務經驗不足。	工作物件認識精確，累積足夠實務經驗。	依乎天理，因其固然。

在第一階段的「始臣之解牛之時，所見無非牛者。」庖丁初初入行，對於工作物件認識不清，實務經驗不足，亦難於人世間的紛雜問題中游刃得當。以情識造作之我來觀牛，故眼中所見之牛，皆是摸不著頭緒、複雜難解的孤立皮相。一如「族庖月更刀，折也」中的折為折斷的意思，表示一般庖丁在用刀碰觸骨頭之際，常以頑強力道劈砍折損。由於使用方式不對，也難怪刀子總是壽命不長，必需得時常更換新刀的緣故了。不按牌理、不得其門而入之耗損心力、勞神傷身，這是初階的練技階段。

第二階段的「三年之後，未嘗見全牛也。」三年的庖丁歲月，工作物件認識精確，亦積累足夠人生閱歷的實務經驗。故庖丁眼中已非第一階段所見的完整牛隻，而是以牛之自然之性觀牛，在心中有了清楚分際的視覺圖像，據此作為目無全牛的「分割部位」，做為審視精闢的解牛藍圖。一如「良庖歲更刀，割也。」從族庖用刀硬砍骨頭的「折」，技巧遞進為良庖用刀切開筋肉的「割」，不硬碰硬大骨，而是緣著骨頭切肉。雖然因經驗而瞭知如何避免困擾紛爭，達至高階的熟技階段。但憑目視解牛，長此以往，雖技術熟巧，卻仍不免於不可測之境中摧折損傷。

第三階段的「以神遇而不以目視，官知止而神欲行。」「依乎天理，因其固然。」順應自然、心神運作、避開鋒芒，如此的謹小慎微，掌握規律，抓住本質，無怪乎「十九年刀刃若新發於硎」，刀用了十九年，刀刃還像新磨過的一樣。換言之，從處事謹慎，低調藏鋒，泯除成見、化解對立、熟能生巧之經驗積累的「技中之道」，昇華提煉至「道中之心」。如此一來的不計得失、物我兩忘，心領神會並運用自如的存乎技中之道之心，終將在遊刃有餘、保全自身而臻於「養生之道」的化境之中了。

世事洞明皆學問，人情練達即文章。莊子透過這篇庖丁解牛的寓言，說明養生之道在於順應自然，順勢而為。遇筋骨交錯之際，就好比生活遭遇重重障礙、層層束縛，與人相刃相靡。必須適時地集中精力，深淵薄冰，巧妙回避並圓融解決。如此一來，象徵自我的無有厚度之刀，便能在如複雜社會般的牛骨節間中的空隙裡遊刃有餘，儘管海闊天空，盡情自在飛舞。將其自我之刀安放在心靈的最深之處，便如詩人泰戈爾所言：

我旅行的時間很長，旅途也是很長的。
天剛破曉，我就驅車起行，穿遍廣漠的世界，
在許多星球之上，留下轍痕。
離你最近的地方，路途最遠，
最簡單的單調，需要最艱苦的練習。
旅客要在每個生人門口敲扣，才能敲到自己的家門。
人要在外面到處漂流，最後才能走到最深的內殿。

尤有進者，生活能夠自如，生命不受折損，安時而處順，哀樂不能入也。心的修行達致無有之境，泯除物我對立，超越利害得失，參悟養生之道，存在價值顯像，便能盡享天年。

3. 善護遊刃有餘之心

精神主旨

緣督以為經，
依乎天理，因其固然。
可以保身，可以全生，
可以養親，可以盡年。

庖丁為文惠君解牛，極盡技藝功夫與道術境界的雙全。

族庖、良庖乃至今日的庖丁，不外是致虛極、守靜篤以至於無厚之由技入道的過程。庖丁解牛中的那頭牛，比喻的就是「人間世」。牛體的結構異常複雜，因為牛的骨肉筋絡相連一起，不當砍斫便會造成受傷折損。而庖丁手握的那把刀刃，便是象徵著每一個人的「自我」，以自我為名的刀刃投身在牛體天下，而與人相刃相靡。所謂的相刃即是互相砍斫，相靡便是將對方砍倒。人間世就是天下，自我活在天下，人物活在人間。本身的自我有限，而人間大道卻又顯得如此複雜無限，這便是人生存在的兩大難關，同時也是〈養生主〉的主體寓言。

人間天地各有其規律存在，洞察客觀環境的規則，使其常規成為自身的導航。善解牛者，刀不易折；善處世者，人不易損。於是莊子諄誡我們，需從刀刃無厚做起。庖丁並非生而遊刃有餘而不傷，而是在於經年累月的功夫歷程得以致之。原本是要解開牛體，但必須在刀刃薄到幾無厚度的無身之際，當刀刃沒了厚度，牛體筋骨、骨肉相連的地方就算再狹窄褊隘，都可以輕鬆自如的滑過。何以故？精神在感知中馳騁，功夫在實踐中涵養。因為你打開了自我、放開了自我，沒有了自己，沒有了厚度，以無厚入有間，恢恢乎其於遊刃必有餘地矣。原先以為要解開的牛體，到了最後卻是徹底解開並完善了自我。

其功夫在「緣督以為經」。緣督以為經，順中以為常。意思是說處事的人若能依循事物自然之理而予以為常，持守著無偏無執的中虛自然之道，不過份、不強求。「依乎天理、因其固然。」順應現實，尊重自然，妥善保養身心的人生觀點與處世哲學。謹慎小心的避開阻礙，即便外物攪擾如織，只要掌握要點，便能得心應手於做人處事。精神為主，感官為輔，便不會輕易讓有形感官來損壞耗傷無形之心氣神。

其境界在「遊刃而有餘」。當牛肢解後，庖丁心滿意足於刀刃無損，從容自得於養刀如新。解牛後的刀刃，隨即小心保養擦拭，而後藏於鞘內，鋒芒不顯外露，養刀如似養生。既能於有餘之中乘物以遊之，又能在人間道中逍遙又自適。身可以保，生能夠全，親得以養，年終將盡。終於在不傷自我之刀的保身、全生、養親、盡年之中，臻於養心護心之化境。

小說、劇作家毛姆說過：「那時，我還沒有懂得人性中有多少矛盾，我不知道真誠中有多少做作，高貴中有多少卑鄙，或者邪惡中有多少善良。如今我已充分懂得了，原來小氣與大方、怨懟與仁慈、憎恨與深愛，是可以並存於同一顆心中的。」

所有的一切之上，都有光在流淌著，甚至暗黑裡，也有著極其細微的光，只是我們肉眼看不到。而看不見的，並非不存在。因為蘊藏於深處的那一道心主，經由階段體悟經驗，終臻至神乎其技之天地與我並生，萬物與我為一。而至於那道安時處順，哀樂不入的真境心光，那個屬於每個存在當下所需護養的心主，亦如是啊！

反思討論

如何能在喧囂煩擾的紅塵俗世中，
涵養精神生命之主，善護遊刃有餘之心。

生命游於人世間，解牛而刀刃無割折，猶如生命遊於天地而不傷。保全刀刃，就要避開筋腱骨骼；保全個人，則要避開社會的矛盾衝突。解牛之難，不在於所解之牛之筋骨錯雜，而在於其解牛之刃未得其間。何以故？在其未能無厚也。個人在人間世中就跟刀刃一樣，相較於牛骨，就好比那些社會的是非衝突、情感的矛盾挫傷、害人的陷阱機關。庖丁解牛前後歷經了由最初的「所見無非全牛」到「目無全牛」的「技」藝，反復體驗，多次琢磨，熟能生巧之後，才達致「以神遇而不以目視」之揮灑自如、神乎其技的「道」境。

初初跌入喧囂煩嚷、紅塵俗世，不知愁為何物的天真單純。面對於鋪天蓋地、迅雷不及掩耳的磕磕碰碰、傷痕打擊，從天真爛漫到天真殘忍的身心疲憊。開始於「技」中設身處地、拿捏分寸、掌握技巧，深知唯有在屢屢的境界提升中，才能避免於硬碰硬的兩敗俱傷。從面對外界開啟了自我的保護機制，漸漸地在逐次受傷平復的過程中，開始內反並省思順應情勢的道理、涵養心神的重要、擺脫外物的束縛，從而獲得人格生命的自由。

由「技」至「道」，從感官活動到精神運作的心路歷程，手段方法的熟能生巧，提煉昇華成物我對峙的消解。在遊刃無間的「道」的場域中，更彰顯精神生命不受外在左右的豐富性、自由性以及無限性。猶如村上春樹所言：「肉體是每一個人的神殿，不管裡面供奉的是什麼，都應該好好保持它的強韌、美麗和清潔。」

如果用眼睛看是一種框，用心去體會就是一種寬。人在俗世外，心棲山水間。涵養精神生命之主，善護遊刃有餘之心。如此一來，才能享擁安頓養生的終極目的。

唱和呼應

♪改編自周冬雨、張一山〈如果我愛你〉

如果我愛你……我，如果愛你。

♪改編後

庖丁所好者道，
技中之道，道中之心，
緣督以為經，
依乎天理，因其固然，
官知止神欲行，
怵然為戒，視止，行遲，
提刀而立，四顧，
躊躇滿志，善刀而藏之，
保身，養生之道。

為尊重及保護著作財產權，僅列出改編歌詞的曲目、主唱者及頭尾歌詞，方便讀者自行查找改編處。

第十章　渾沌開竅

1. 以己之心度人的主觀價值

故事引導：愛之適足以害之

昔者海鳥止于魯郊，魯侯御而觴之於廟，奏《九韶》以為樂，具太牢以為膳。鳥乃眩視憂悲，不敢食一臠，不敢飲一杯，三日而死。此以己養養鳥也，非以鳥養養鳥也。

《莊子・至樂》

從前，有隻海鳥飛落在魯國都城的郊外，魯侯以為這肯定是一隻難得一見且帶有神聖的海鳥。便命人將其捉住，親自把牠迎接到太廟裡，畢恭畢敬地設宴取悅，並將牠供養起來。每天端送美酒讓牠飲用，演奏《九韶》的樂曲來取悅牠，宰殺牛羊豬三牲具備的太牢來餵食牠。魯侯盡心盡力的殷勤款待，卻是將海鳥弄得頭暈目眩、惶恐不安，不敢吃一塊肉，不敢啜一口酒。過了三天，竟死去了。會導致這樣的結果，是因為魯侯完全用他自以為是的舒適享樂的方式來供養鳥的，而不是按照鳥類生活習性的方式來供養鳥的。

然而什麼叫做「以己養養鳥也，非以鳥養養鳥也」呢？海鳥的天性本是在天空中自由的翱翔，森林裡自適的棲息，江海中自在的浮游。隨群佇列，捕啄食物，快活逍遙。反觀魯侯完全將自己日常的奢豪享受，自認為是不藏私的厚愛，全然無私地加諸於海鳥一身。人在天上飛則墜死，鳥於天上飛則樂活。惜魯侯不明白這個道理，以主觀愛戀的心態養鳥，忽略了相異於人的客觀習性，不設身處地的觀察海鳥的生活狀態，不愛護尊重海鳥的個別特點。違背了海鳥的天生本然習性，從而導致了愛之適足以害之之適得其反、無法挽救的傷害，更甚至是到了最終，魯侯仍舊不知曉自己究竟錯在何處。

雖言「己所不欲，勿施於人」，可若是執拗於「己之所欲，施之於人」，亦是一種戕害。自以為是對的好的，便一廂情願讓他人順著你的對而好，「以己養養鳥也，非以鳥養養鳥也」，以己之心忖度的主觀價值，造就一樁絕對的自以為是，成就一件相對的自作自受。不被瞭解的強加善意，往往比冷漠的惡意來的傷害更大。冷漠甚至惡意，他人亦會在心中騰出警戒空間，根據情況從而來適時的調整，備妥防禦心態。可面對防不勝防的溫暖善意，經常是以溫水煮青蛙的模式，無心言說、無力反駁，終將導致了好心腸成就為壞結局。於是啊於是，你或者是他，更甚至是我，又是否曾經歷經過了死到臨頭之境，卻仍舊是摸不著痛癢感受之最最致命的自我鬆懈，以及有苦難言的諸多感受呢。

故事引導：少了羽翼的天使

祝你生日快樂！
祝你生日快樂！

祝你生日快樂！
祝你永遠快樂！

YA！恭喜大部分的現代孩童，幸福洋溢的高唱四歲，更甚是三歲的生日快樂歌曲，心滿意足的吹熄了願望蠟燭後，我親愛的孩子啊！根據專家的研究報告，學習務必要趁早，遲了可就不好說。所以呀所以，可千萬不要再浪費無謂的時間，來進行專屬於天真童年該有的調皮搗蛋了。在這兵荒馬亂的世代裡，唯有十八般武藝的出彩本領，才能獨享戰鬥真理的光芒榮耀。

小小身軀如何成就戰無不勝，攻無不克等所向披靡的大大菁英呢？因應時勢所需的各項技能，補教媒體的大肆吹捧宣傳，父母求而不得的遺憾願望。於是，人生一道道以愛為名的長征遠戰，不能輸在起跑點的傑出計畫，於焉劃開。藍眼金髮的外語學習、腦力激蕩的數學遊戲、妙筆生花的作文精煉，電腦、繪畫、音樂、琴棋書畫……等等，恨不能八千八百八十八般無一不通，無所不曉的精湛技藝集諸於身。除此之外，還得用力牢記考試殿堂中所需具備的知識能力，想方設法擠進得以名符其實之高端學識的成功大窄門。

多麼珍貴的領悟啊！多麼可貴的幸福啊！無微不至、無所不能、無孔不入之巨細靡遺和無私無悔的照拂著。親愛的孩子啊！不是我不教你做人處事、判斷是非、品德陶冶和承擔責任的道理，而是有著太多繞不開的第一需要你去即刻認證成全。成就了成績、成交了功名、成效了利祿之後。你便可大大方方、心安理得的微笑轉身，才能換得並擁有更多舒坦的籌碼來仰望藍天、完善興趣、展現驕傲，從而了卻了遺憾。你可千萬別對設定好的康莊大道存有一絲的懷疑與否定，既是大家都擠破腦門的使勁前行，就別為沒時間的抱怨而心生抱怨，反正有的是大批陌生人等與之並肩同行。即便是日復一日的枯燥重複，這場前仆後繼的人生遊戲之競賽攻略，還是能夠擁有空前絕後的精彩可期呢。咬緊牙關、保持笑容、展現自信，晚上不早睡、白天須早起，忍耐恒久遠、本領永流傳，便能撐過一道道屬於現實中金光閃閃的坦蕩道途。

活在以愛為名，再也無法展翅高飛的幸福綁架裡，失去了自由、獨立、特殊、變化、好奇、想像、空白、浪漫……。童年貧瘠，成年窒息，換得了實際看得見的或是待看見之名利雙收的驕傲專利。從前走過的路，昨天走過的路，這條早已被精心鋪造的一成不變之星光大道。試問，少了羽翼的天使，多了金鑽的城堡，有多少人為此付出慘痛代價仍執迷不悔，又有多少人極力爭取的身心靈自主，卻仍不免在不知通往何處的忙盲茫中驚惶失措了呢。

少了羽翼的四不像天使，卻仍不斷的被督促需展翅高飛。謎一般的人生腳步，沒了專屬翅膀的飄泊，分不清哪條才是指標道路。尺有所短，寸有所長，豐滿的理想，撐不起骨感的現實。終於明白了挫折是好珍貴的，失敗是被需要的，因為它和成功一樣有其極高的養分與價值。拋擲了束縛自我的模糊榮耀，心中的嚮往執著是否一如從前。意義在於過程，幸福源於細節，唯有自己才能將自我描繪成一幅得天獨厚的人生畫卷。在眾人不約而同的滾入被制定為目標價值的一座精密的巨大機器裡，一片蒼茫死寂、灰白單調的世界中，缺少了羽翼的天使，丟失了初衷的樣貌，弄亂了個性的零件。叩一叩初心藏的是誰？敲一敲青春住的是誰？多了些能耐的折翼天使，是否依舊能夠活成並找回堅信夢想的那一片鬱蔥綠洲呢？

2. 任憑眾竅巧，只取一渾沌

原文對焦

南海之帝為儵，北海之帝為忽，中央之帝為渾沌。儵與忽時相與遇於渾沌之地，渾沌待之甚善。儵與忽謀報渾沌之德，曰：「人皆有七竅以視聽食息，此獨無有，嘗試鑿之。」日鑿一竅，七日而渾沌死。

《莊子・應帝王》

儵：同「倏」，疾迅，忽然。此為南海帝名。

語譯對應

南海帝王名之儵，北海帝王名曰忽，中央帝王名叫渾沌。儵和忽這兩個好朋友，經常前往渾沌的境地裡相聚相遊，而身為地主的渾沌也總是善盡地主之誼，使得儵和忽兩人享有著賓至如歸的熱情款待。為了答謝渾沌的真誠周到，於是儵和忽熱切的商議著，要贈送一份什麼樣的特別大禮，以做為深厚友誼的答謝。

經過了細心觀察及多次討論，最後，終於達成共識。儵和忽一致認為：人們皆有眼、耳、鼻、口七竅，雙眼觀物、兩耳聽聲、鼻孔呼吸、一口飲食的看、聽、吃和呼吸，可唯獨渾沌他什麼也沒有，我們不妨試著為他鑿開七竅吧！於是，他們便在期待下快樂的履行為渾沌鑿開七竅一事。一天鑿開一竅後，物象看見了，聲音聽見了，大吃大喝了，味道聞到了。鑿到了第七天，七竅全鑿好了，暢通暢快了，禮物達成了，渾沌也死了。

據《莊子集釋》：南海是顯明之方，故以儵為有；北海是幽闇之域，故以忽為無；中央既非北非南，故以渾沌為非無非有者也。其「儵」，喻有象也；「忽」，喻無形也；「渾沌」，無孔竅也，比喻自然。儵、忽取神速為名，渾沌以合和為貌。神速比喻「有為」，合和比喻「無為」。

有無二心，會於非無非有之境，和二偏之心執為一中志，故云待之甚善也。儵、忽二帝，猶懷偏滯，未能和會，尚起學心，妄嫌渾沌之無心，而謂穿鑿之有益也。不順自然，強開耳目，乖渾沌之至淳，順有無之取捨，是以不終天年，中途夭折。

又，關於渾沌一說，相傳盤古開天闢地以前，天地間一片模糊，天地未分渾然一體的至極狀態。而那模糊之境，便稱之為渾沌。因此，渾沌其實就是自然、素樸之一切存在的初始狀態。以下就《山海經》、《神異經》中對於渾沌的說法，讓我們更為掌握渾沌意含。

《山海經‧西山經》：西三百五十里，曰天山，多金玉，有青雄黃。英水出焉，而西南流注於湯穀。有神焉，其狀如黃囊，赤如丹火，六足四翼，渾敦（渾沌）無面目，是識歌舞，實惟帝江也。

渾敦（渾沌）無面目，《莊子・應帝王》中的中央之帝取名渾沌，亦無面目。由此可見，這則寓言，顯然是從《山海經》演化而來的。意思是說向西三百五十里，叫做天山，多產金屬和玉石，亦產雄黃和石青。英水出於此山而後注入湯穀。天山上有神鳥，形如黃色皮囊，紅的好似一團火，六隻腳、四對翅膀，渾沌沒有面目，卻能夠唱歌跳舞，這個神鳥，其實它叫做帝江，亦是傳說中中華民族的始祖呀！

《神異經》中亦記載著：崑崙西有獸焉，其狀如犬，長毛四足，似熊而無爪；有目而不見，行不開；有兩耳而不聞，有人知往；有腹無五臟，有腸，直而不旋，食物徑過。人有德行，而往抵觸之；有凶德，則往依憑之。天使其然，名曰渾沌。

崑侖的西邊有一種獸，長相如狗一般，有長長的毛和四條腿，看起來像熊而沒有爪，有眼睛卻看不見，行動不便。有兩個耳朵卻聽不見，卻知道有人經過。有腹部卻沒有五臟，有腸子卻是直而不彎曲，吃下的食物飛快徑直通過。有德行的人和它互相排斥，而無德的凶人卻會趨附他。沒有一般感知外界的器官，無法和外界交流，與人相反對立，天帝見之，便命名為「渾沌」。成為人類文明對立面之渾沌，便是故事涵攝的寓意。

儵、忽有恍惚、頃刻和瞬間之意。在〈應帝王〉中，儵、忽以神速為名，亦在譏諷儵、忽二帝做事急速而不加思索。儵、忽得其感官感知藉以區別物我的七竅，有了區別的能力，便相對有了物我二分的成見，而成為了無法把握無為，成就無限之有為的種種局限性。一如大海和浪花，浪花雖然變化萬千，起落自在，卻仍不免局限在大海恒靜無為的造化中湧動，而無法須臾自主。

文中「渾沌待之甚善」，說明了位居中央之帝的渾沌其實是個隨心自然，能讓訪客儵、忽二帝賓至如歸、自在自得的人。雖言渾沌，以其合和為貌，實是道的化身，與天地並生、萬物為一，獨與天地精神往來。其道永恆、天永恆、地永恆，即謂渾沌永恆。可儵、忽二帝，卻給渾沌開了個竅。一旦開竅，自然就有了物我的區分能力。於是「整全」成了「有限」，「永恆」幻化「瞬間」，「瞬間」即「生」即「死」。儵、忽二帝以其神速譬有為，渾沌以其合和譬無為。最終渾沌已非渾沌，從而面目全非的導向滅亡。

渾沌開竅，此章寓言強調天道無為、本真難得。渾沌就是「無」，日鑿一竅，「無」中生「有」，背「生」向「死」。因此做任何決策，必須尊重每個人的特殊性，要站在他人的立場著想，而非將個人主觀且自以為是的想法，強行加諸在客觀的人事物之上。渾沌順應自然無為的本性，便是生命自足的最高境界。「不以好惡內傷其身，常因自然而不益生也。」意思是說，不因好惡而毀損傷害自身的本性，經常順任自然而不企圖以其人為造作來為生命增添任何，才能達到尊重自然、安適無傷的純粹姿態。倘若被儵、忽二帝屢屢以其智巧施恩的名義，用以生搬硬套的造物陶冶，設身處地的聰慧體恤。如此一來，反倒使渾沌素樸本真的天性蕩然盡失。到了最終，被強制冠上以愛之名待遇的渾沌，其人生下場亦不免趨於死亡。

《道德經・十二章》：「五色令人目盲，五音令人耳聾，五味令人口爽，馳騁畋獵令人心發狂，難得之貨令人行妨。是以聖人為腹不為目，故去彼取此。」意思是說過分貪求繽紛色彩的享受，最後一定是眼花繚亂、視覺遲鈍；過分追求聽覺的享受，最後一定耳朵失靈、聽覺麻木；過分渴求美味的享受，最後一定食不知味、味覺疲乏；過分縱情的騎馬狩獵、追逐鳥獸，最後心情肯定放蕩發狂、魂不守舍；過分冀求珍奇異寶，最後一定行為脫軌、身敗名裂。所以有智慧的聖人生活，只求能滿足生理的基本需求而不去考慮更高的感官享受。因此，務必去除無盡欲念而返觀內照、純靜心神。最後，才能回到最初本質純樸的無華生活。

雨果曾言：「對物質過度熱情，便是我們時代的一大罪惡。」蘇格拉底亦道：「我們需要的愈少，就愈接近上帝。」任憑弱水三千，我只取一瓢飲；任憑眾竅巧，只取一渾沌。巧飾是口陷阱，順物方是王道。天地萬物化生的原型樣貌，本自具足。順應自然、尊重規律、清淨無為，不需倚靠人為外力的強行干預。耽逸於物質享樂是永填不滿的迷失，唯有稟性精神自然的轉化提升，才能了悟本源、適性發展、活出自我實踐的價值與意義。

3. 渾沌不露相，開竅便破相

精神主旨

天地與我並生，萬物與我為一。
萬物皆自然，自然則無為；
天道本無為，有為害自然。

天地與我並生，萬物與我為一。天地和我共存一齊，萬物與我合載一體，擺脫於時間中變化生滅的生存壓力，超脫在空間裡之物我、大小差異的紛亂攪擾。人的身心能夠一體交流，平衡無礙；人與自然亦能夠互融一體，天人相洽。道本自然，渾沌不分；心普萬物，任意自化。萬物皆自然，自然則無為；天道本無為，有為害自然。無心無為無有，兩兩互不相傷，方得入乎道通為一之境地。

「彼亦一是非，此亦一是非。」指的是強調事物的相對性而言，意思是說這樣的道理和作為在這裡是對的，可轉換了時間空間的場域便不儘然是正確的。好比說：人長期處在潮濕的地方將換來腰酸背疼，可試想，身處於稀泥裡的泥鰍，也會如同人類一樣的腰酸背疼嗎？又，人往高樹攀爬會心驚膽怯，再試想，優遊森林的猿猴，亦會似人類一般地心驚膽怯嗎？天地萬象，各自有其各自的相對標準與評判價值。但我們卻經常是自自然然地以其自身的標準，自以為是的準則，來做為行事的種種依據，徑而放諸四海的加施於他人。

渾沌開竅中的儵、忽二帝便是一個典型的寫照。太過偏執於自我認知狹隘的意念，極盡重視官能之功用。自認為是對的、好的、善意的思維標準，以其主觀願望強加於客觀事物。儵、忽二帝，雙方攜手合作、默契十足，其樂融融地大肆改造渾沌，其結果卻是造就了一命嗚呼、不明為何的共犯結局。

理之在己，對錯由己，是其所是，非其所非。全然不明白只要設身處地、感同身受的將其本性稟賦操存持守，便是能夠順應自然、相互敞開、完善俱足。「渾沌開竅」這則寓言拿來與之當下對照，便可輕易發現，文明，即是人類想方設法企圖改造自然的成果。而人類的歷史遞進，便是做為揮別愚昧渾沌，邁向嶄新科技文明。致力追求的高度文化，更上層樓的璀璨進程，欲以自身追逐的模樣來打造自然，完善自然。步步將迫使人之為人的真心性情，消失殆盡於活活潑潑的人間世中。

在《莊子・徐無鬼》中講述了子綦算命的故事。有位名叫子綦的人，生了八個兒子。某天，子綦邀請頗負盛名的面相大師九方歅，給眾兒子們觀看面相，算一算誰的福氣最旺。

九方歅答道：捆的面相最好，福氣最旺。

子綦問：福在哪裡？

九方歅回答：捆將來終生都會和達官顯要同飲共食，終身不缺酒肉。

子綦難過地流下眼淚說著：我的捆兒何以歹命至此呢？

九方歅不明就裡的答道：和達官顯要同飲共食，恩澤三族，更何況父母呢！如今您聽聞喜事，何以傷悲至此呢？

子綦感歎說道：食多少酒肉，不過是口鼻肚腹的滿足，又豈會知曉這些酒肉又是從何而來的呢？你想啊！家中從未放牧卻跑出一隻羊來，沒有狩獵卻平白無故地多出了一隻鵪鶉。不覺得奇怪嗎？難道是正常的嗎？對於孩子們的教育，我向來要求他們與大自然遨遊共舞，活在天地間自得其樂，從未要他們謀求世間富貴、追名逐利。如今您卻算出極其怪異的徵兆，不謀而得的報償，我才因此而止不住傷痛，認為我兒捆肯定是要大難臨頭、在劫難逃了。

果不其然，不久捆便被派往燕國。途中遭遇強盜打劫，擔心他逃跑，便砍斷了他的雙腳。其後，再將他賣給齊國的齊康公，並替齊康公看門。家中吃剩的酒食就賞賜給捆吃，果然終生為奴的捆，就這樣在食肉飲酒中困度其生。

順任自然之道，合乎自然規則，無待無為，不使有為有待的人為造作紛擾，從而來相刃相靡，更甚是莫之能止。旁人僅見捆得以高枕無憂，飲酒食肉終身，卻看不到他被強盜砍去了雙腿，遭受巨大創傷的磨難，喪失行動的自由。一如渾沌本無嗜欲，無待無求，一鑿則虧，再鑿又損，渾沌不露相，開竅便破相，終因日復鑿竅而亡。

企圖用自己有限的觀點，去改造並強化無限的存在時，即便是出於善意，即使自認是推己及人，倘若對方不能欣然回應，無法接納承受，毫無尊重感知，強求一律地被其人為分割、解構、定位，失去了渾沌本該為之渾沌的原本樣貌，必然註定悲劇。

天地與我並生，萬物與我為一。萬物皆自然，自然則無為；天道本無為，有為害自然。渾沌因其模糊無為，無心任化，更能體現出天道的特殊性、流通性、包容性、自在性。無所罣礙，雖有似無，放開了自我，放任了外物，才能得以逍遙自適於遊於大化之境。於是，何不許一許一個不以主觀熱情的儵與忽，放手並認同渾沌的順應自然、和諧無為呢。果真如此，深信便能夠在你中有我、我中有你的默契情境中，相視而笑，相忘於江湖呢！

反思討論

世間儵、忽何其多？人間渾沌何其少？

悲劇果然是儵、忽所成就的嗎？

傷累果真是渾沌所應背負的嗎？

儵、忽以及渾沌三帝，

要如何能夠共創三贏？

《詩經・大雅・抑》：「投我以桃，報之以李。」來而不往非禮也，這其中指出了文明古國、禮儀之邦的習慣和規矩。人與人間合乎常情的友好往來或互贈物品，只不過是作為報答的物品更顯貴重，情意更為深厚。可思前忖後，別人的待你不薄，你自以為是的回禮，果真是施惠者所願所想的嗎？輕者微笑接納，輾轉轉送；重則七竅生煙，無力承載。儵、忽二帝、父母、友朋、夫妻情侶、長者、好為人師者……，誰又何嘗不是懷抱著以對方為好、願他者為安的喜樂初衷，熱情付出、真誠以待的呢？

以己度人、以心度心。一個主動以一顆炙熱的心努力報恩，一個被動以一身承載的痛無奈死去。一報還諸一報。若非是我要的恩恩怨怨，不能適時地止損停傷，終究也只能成為是至死方休的遺憾落幕。恍兮惚兮的渾沌，象徵了多少無為順應自然的無心無欲，卻敵不過有為有心有欲的強勢造作戕害，在唯我獨尊之霸權主義下的熱情融化，反倒失去了素樸真我。可惜了儵、忽二者，竟眼觀不到、心察不著如此繽紛燦爛的渾沌。如此如此地，便就這麼粗糙輕易，成全了蒼白而單調的衰亡世界。

多一點灰色的同情理解、少一些非黑即白之唯我執拗。勿粗糙的對人定位、妄下定義，不要再用粗暴的立場，拿上帝的名義，來進行自以為是的悲憫解救。即便在這個世界最大地帶是灰色，可在灰茫茫的地帶之中，要成為灰的、白的亦或是黑的，又為什麼是我們所不可以決定的呢？

「菩提本無樹，明鏡亦非台；本來無一物，何處惹塵埃。」萬物清淨，無心無為，不執著於有心有為，不成心於巧飾手段，當下頓悟消解，才能夠不生妄念，沾染有執造作的俗世塵埃。因此，各自放下封閉狹隘的排斥堅持，相互給予尊重，你有你的精采美好，我亦享有個人不可取代的優秀特質。釋放不同於己的璀璨光芒，儵、忽以及渾沌的三互成全、共創三贏，即便是不同的文化相遇，亦能夠真正成就和諧包容的可能。

唱和呼應

♪改編自兒歌〈蜜蜂做工〉

嗡嗡嗡，嗡嗡嗡，
大家一起勤做工，
來匆匆，去匆匆，
做工興味濃，
天暖花好不做工，
將來哪裡好過冬，
嗡嗡嗡，嗡嗡嗡，
別學懶惰蟲。

♪改編後

南海之帝為儵，北海之帝為忽，
中央之帝為渾沌，
儵與忽時相與，遇於渾沌之地，
渾沌待之甚善，
儵與忽謀報渾沌之德，
曰：「人皆有七竅以視聽食息，
此獨無有，嘗試鑿之。」
日鑿一竅，七日而渾沌死。

第十一章　罔兩問景

1. 忘了我是誰

故事引導：天官添賜福，且行且匍匐

《牛天賜傳》是文學作家老舍的一部長篇小說。作者慣常運用的黑色幽默筆法，渲染式的講訴了一個天生帶有殘疾，甫出世即遭棄養的生命，在一個小小資產階級家庭裡成長、墮落悲慘的辛酸故事。

牛天賜，象徵著天官添增賜福，肯定上天賜給自家的福氣恩澤。因緣際會的被牛家收養後，遂開始了牛天賜這段普通卻又不甚平凡的人生旅程。作為商人的養父希望他爾後能夠盡心賺錢；出生於宦官之家的養母則是殷殷冀盼他能夠竭力做官。在各種以牛氏夫婦規矩為名的畸形教育中，一個小小卑微的生命，便在搖搖晃晃間長成了。

無規矩不成方圓。行起坐臥，手腳口鼻都得按規矩講究。活著，便是規矩的積累，總得一絲不苟為好。牛天賜自己想向左傾，便有著必需向右靠的聲聲督促；自顧自地逕自往上揚，外邊則老有著強勁力道，鑽天覓縫的向下按住。於是，所謂的「生命」二字，便是活脫脫像是被線所牢牢提著操弄的

玩具魁儡。

手指揚在空中隨意畫了個半圓，迅雷不及掩耳的恫嚇聲音便立即傳來：不！別指！

手指剛剛朝嘴邊滑過，正要往裡送：又，又來了！幹嘛呢？不許吃手！

手指虛晃一招，搭訕著前往掏掏耳朵的風景區域，跟著便是：又怎麼啦！真沒規矩，趕緊的，速速將手給放下去！

唉！有沒有人可以告訴我，關於我的這根手指啊！究竟該安置那兒為好為妥呢！

這是一個人性極度被扭曲異化的故事。相對嚴格的家庭教育使得牛天賜從小學會了察言觀色，明白什麼能說，什麼不能說。除了只能事事盲從大人們的命令、敷衍糊弄大人們的指令。童年的天真沒有了，自由發展的靈性殆盡了，生命便是拘束的積累。會的事越多，知道的事越複雜，接踵而至的束縛也就越多了。被施以各種強制管束孩子的大人們，撫養孩子的終極樂趣，便是在發揮大人們自身的價值與才幹。相信若能及早發現並因此而來體認到這層道理的孩子們，便不會因為覓尋不著所謂的自自在在，而痛不欲生了。

在經歷了寵溺疼愛，費盡心思尋奶媽、請老師、擇學校的養母病逝後，接著生意破產，隨後也撒手人寰的養父，以及家中被不明身份的親戚搶劫一空之後。遭逢人生的巨大困境，一無所有卻能自在呼吸的牛天賜，竟也活生生的把自己也給弄丟了。

牛天賜，實際上是少年在成長的過程裡，經常遭受到的各種磨難的縮影。然而沒有自我的人性教育，又是如何被逐步浸漬養成的呢？在當時的社會背景下，成長過程是十分艱難的。牛天賜不僅要接受來自社會各方諸多的壓力，同時還需一肩扛起來自自身內心的巨大壓力。生活是真真實實、活活潑潑的，可牛天賜偏偏最不擅長的就是面對真實與活潑。因為自小自幼的他，便是在真真實實、活活潑潑裡失去了他所能想像遨遊的諸多自主能力。

歸去來兮，田園將蕪胡不歸？既自以心為形役，奚惆悵而獨悲？悟已往之不諫，知來者之可追。實迷途其未遠，覺今是而昨非。

《歸去來兮辭》

這是代表著東晉陶淵明人生轉折標誌的抒情小賦。意思是說：快快回去吧！田園都將要荒蕪了，為什麼還不回去呢？既然自己的心靈長期被形體軀殼所役使，那又為什麼要如此的悲傷失意呢？如果頓悟到過去的錯誤已是無法挽回，可又清楚明白未來的事情尚能補救。即便曾經是踏入了迷途，所幸還沒將自己丟失的太遠。若已徹悟到如今的選擇是正確的，那麼曾經的行為才該是迷途。因其一悟、一知、一覺，從而從心從新的認識了自我、把握了自己。如此一來，便是因此而重獲新生了。

無限嚮往著世道公平，一直是老舍所欲追求的理想。活得太累的時候，勉強自己太多的時候，遷就別人過久的時候，便容易忘卻自己的世界究竟是在何處了。天官添賜福，且行且匍匐，你的人生命走向，究竟是要主體在己、主權在握，還是要在別人的操持把弄之中，顛顛簸簸的匍匐晃蕩呢。即使早已是尊支離破碎的乾涸靈魂，只要願意將自己變成一個人，成就一個人之為人的人。一個若能將自我主權輕輕地安置於掌心的人，根柢紮穩了，便不會因其所待所求而隨波逐流。如此一來的自信與從容，如此可得之之的造次將於是呢！顛沛必於是呀！

故事引導：同是天涯淪落人，相逢何不相體恤

「衣櫃」長歎一聲，不屑地向置放在櫃子裡的「衣架」提出抗議：你一會兒展現被沉甸甸的各式衣物填滿的驕傲，不一會兒又擺出空無一物的瘦骨嶙峋的姿態。我說你這衣架啊！一下被衣物塞滿的喘不過氣，一下又哀歎乏人問津之空空如也。你難道就不能帶有自己的個性嗎？不能自己決定要不要被衣物垂掛嗎？亦或是選擇形單影隻的孤獨感覺嗎？衣架聽後，白了衣櫃一眼說道：你幹嘛呢！為何要問這樣不具意義的小問題呢！我難道知道原因嗎？我也不曉得是何緣故呀！我難道是因為有所等待才會這樣子的嗎？

既然你衣櫃都這樣說了，我也打算趁這個機會好好地問一問衣物們。於是衣架轉頭向新舊衣物毫不客氣地問道：「衣物」女士們！你們這是怎麼啦！開心的時候，一件件撒嬌式的向我炫耀與眾不凡的特別；生氣的時候，又一件件粗魯式的重複披掛，迭床架屋式的壓迫，幾乎是讓我喘不過氣來了呢。可到了旅遊旺季，精心裝扮之後，又一件件奔飛至衣櫃外的不見衣影。怎會那麼沒有獨立的意志呢？撒嬌傾靠式的單件披掛，粗魯多層式的隨意垂掛，又或是自我放逐式的沖出衣櫃。不能自己決定要扮演何種角色嗎？又，去留之間，果真沒個主心骨嗎？

衣物聽罷，長噓一愣的回覆道：你認為這是我所願意的嗎？我又何嘗想要如此這般的度日呢？回想主人們剛領我入衣櫃之際，經常是愛不釋手的將我擁入懷中。恨不能詔告天下，我這獨一無二的衣物本人，便是能夠讓她們得以體面美麗的不二寶物。甜寵話語，言猶在耳。可誰又知道，不必等到遲暮，不需丁點罪名，三兩天后，便這麼輕輕鬆鬆、不帶痕跡、薄情寡義地，將我徹徹底底地打入了衣

櫃冷宮，再無見天日的機會了。

我噙著不明究理的淚水，眼睜睜的看著和我身處於喜新厭舊相同遭遇的這件衣物及那些衣物。如今你這衣架先生不同情我無奈傷悲的際遇就算了，竟還沒來由的質問我！埋怨我！那我這滿腹的委屈又該往何處宣洩呢！我該責怪誰好呢？我又何嘗不是被主人所牽動支配的呢？將我支配牽動的那個人，難道會事先告知我嗎？能夠因此而為我設身處地、換位思考嗎？

「衣櫃」、「衣架」以及「衣物」，喋喋不休、絮絮叨叨的哀歎無法自我做主的遺憾話語，好巧不巧的竟被其開啟衣櫃的主人給聽到了。主人一臉無辜的回應道：你以為我是這樣的人嗎？我果真願意這樣做嗎？我能夠自行決定，讓自己作主嗎？我必須經常得隨著多重角色的身分，適時地增添不同衣物的造型裝扮。我既是父母的孩子，同時又是孩子的父母；是人家的領導，同時又是人家的員工；是生產者，同時也是消費者。我既是諸多的「是」，同時又是眾多的「又是」。看似「被所待」、「被依賴」，其實是個「有所待」、「需依賴」。這難道是我願意的嗎？誰不想不願將主權回歸自身、把握手中呢？

舉例來說：子女上頭有父母，父母上頭又有父母，父母的父母還是父母……。每個人都是在這因果關係的繫聯情境中，被層層包覆的成就成為身不由己的生存著。既然大家處境堪憐、境遇堪憂，既然同是天涯淪落人，相逢何不互相體恤打氣呢。可仔細一想，若履行了「同是天涯淪落人，相逢何不相體恤」的同情理解後，問題仍舊是滾動而無法停歇呀！被主宰的無奈之輪，難道會因此而停止運轉嗎？

如何能將自主之權，得以操之在己，不讓自己成為他人的影子，讓每個人識得本來面目，得以當家作主呢！關鍵是要拋擲迴圈相推的「有待」，丟棄層層節制的「依賴」。當人事物得以在物物間中各自獨立，互不相擾、互不相恃，各自努力於無他中自在、逍遙裡超脫。便不會隨聲附和，不再隨波逐流於人事物的牽引流落而身不由己了。

2. 記得我是誰

原文對焦

罔兩問景曰：「曩子行，今子止；曩子坐，今子起；何其無特操與？」景曰：「吾有待而然者邪？吾所待又有待而然者邪？吾待蛇蚹蜩翼邪？惡識所以然？惡識所以不然？」

《莊子・齊物論》

罔兩：影子週邊的那道微陰影。（一作「蝄蜽」，為神話中山川之精物，必須躲影中才能生存。）

景：影子。

曩：從前。

特操：獨立的操守。

待：依靠，憑藉。

蛇蚹：蛇肚腹下的橫鱗，蛇賴此行走。
蜩翼：蟬的翅膀。

語譯對應

影子週邊的那道微陰影對著影子說道：你剛剛才走動，現在就停下來了；方才坐著，現在卻又起身站立。怎麼會這樣一點兒都沒有獨立自主的操守個性呢？影子回應道：我是因為有所等待才會這樣子的嗎？我所等待的又是有所等待，才會因此而這樣子的嗎？我的等待啊！就好比如說是蛇依靠著腹下的鱗皮爬行與蟬倚仗著雙翼而飛是一樣的意思嗎？我怎麼會知道是不是這樣的呢？我又哪裡能曉得為什麼不會是這樣的呢？

〈齊物論〉中「罔兩問景」這則寓言，也同樣見於以下所列之可資相互參照的〈寓言〉中的「罔兩問景」。因其雜篇多為後世莊學所作，故以其本單元內篇為其源本。

> 眾罔兩問於景曰：「若向也俯而今也仰，向也括撮而今也被髮，向也坐而今也起；向也行而今也止，何也？」景曰：「搜搜也，奚稍問也？予有而不知其所以。予，蜩甲也，蛇蛻也，似之而非也。火與日，吾屯也；陰與夜，吾代也。

彼吾所以有待邪？而況乎以無有待者乎？彼來則我與之來，彼往則我與之往，彼強陽則我與之強陽。強陽者，又何以有問乎！」

《莊子・寓言》

影子週邊的那道微陰影向影子問道：你剛剛低下頭，現在又抬頭；剛剛才束髮，現在則是披髮；方才坐著，現在卻又起身站立；不是才剛剛走動，現在又停下來了。這又是為什麼呢？影子回答道：區區小事，又何必問呢？我就是如此，但其實我自己還真不知道為何會如此呢？我啊！就好比是蟬脫下來的殼，蛇蛻下來的皮，好像蟬殼與蛇皮，但其實也都不是。遇到了火光與陽光，我就出現；可遇見了陰暗與黑夜，我便消失。形體果真是我所要等待的嗎？又或者並非是我所要等待的呢。如若他來，我便隨他而來；如若他去，我將隨他而去；他活動，我便隨他活動。僅僅是個活動罷了，又有什麼好問的呢！

《莊子・齊物論》和《莊子・寓言》這兩則寓言中的發問者皆是罔兩，而什麼是罔兩呢？「罔兩」作「魍魎」或作「罔閬」。一指古代傳說中的一種精怪。如：《左傳・宣公三年》：「螭魅罔兩，莫能逢之」；二為喻兇惡的壞人。如：宋無名氏《張協狀元》戲文第五齣：「醃臢打脊，罔兩當直，著得隨它去，路上偷飯吃」；三做心神恍惚，無所依據的樣子。如：《楚辭・東方朔・七諫・哀命》：「哀形體之離解兮，神罔兩而無舍」；四的解釋意思是影子週邊顏色較淡的部分，也就是影子邊緣的淡薄陰影，這也正是《莊子・齊物論》和《莊子・寓言》這兩則寓言所要表達的意思。但為因應莊子豐富思維的想像能力，筆者以為：將罔兩解釋為「影子週邊的那道微陰影」，則更為妥切。

影子週邊的那道微陰影的「罔兩」深感「影子」彷佛是件附屬品，一點也沒有屬於影子身為影子所當具備的獨立操守與中心思想，於是不滿的發出質問。不料影子的解釋竟點出了所有問題的根源及癥結。影子答覆罔兩：你哪裡曉得我的苦楚呀！我本是出於自願如此的嗎？動不動就要跟隨著形體的不事先告知且毫無自主性的「行、止、坐、起」，你難道看得出來我是欣然樂意的表情嗎？我又何嘗不願獨立，任意當家的自我作主呢！

「惡識所以然？惡識所以不然？」便可以一語道破物物相待的因果關係了。我是因為有所等待才會這樣子的嗎？我所等待的又是有所等待，才會因此而這樣子的嗎？罔兩不能脫離影子，影子不能脫離形體，而形體又是依靠其他什麼力量才得以生存的呢？又，罔兩只是自顧自的埋怨影子逼的罔兩無法做自己、成全自己，卻是必須依附影子的諸多無奈。可罔兩卻不設身處地的捫心自問，罔兩自己是不是也同樣是成為了其他抱怨罔兩無法獨立自主、自力更生的物件了呢！依此類推並繼續思索：浩瀚宇宙中究竟什麼才算得上是真正的實體？天地間的真正主宰又在哪裡呢？

罔兩抱怨影子受人控制，沒有自我意識。可罔兩是依附在影子之下，更是沒有自己的獨立意識。換言之，那麼身為形體的人呢？在人之上是否有個更高的意識在掌控著我們呢？我們一天到晚高談闊論的自由平等、自由無價，是否同時也是意謂著僅僅是自我安慰的一種假象呢？人為群體性的動物，很難不依傍他者而自顧自的獨立生存。萬物無不然是相對而互依為一體的，罔兩依附於影子，影子依附於人，人亦有其千千萬萬必須依附的藉口理由。於是，我們是依附者也是被依附者；既是操縱者同時也是被操縱者。有所待，便無法擁有人格上的真正獨立之自主操守。所謂的「嗜欲深者天機淺」，等待之物太多，欲求之心過甚，你將很難不被物欲支配。一路緊緊跟著隨波逐流，茫茫然而不知所措。群眾流行的盲目跟風，將導致扼殺自我，終究因其不知為何而戰的，不知所以然而然地，而與其大批的陌生人等，莫而名之的共存共生了。

罔兩於是向影子禱告，因為罔兩害怕影子。
罔兩害怕，害怕睡前的黑暗會吃了罔兩，
但罔兩無法吃下黑暗。
害怕影子是光束，形體是開關；
害怕牆上的物形，知道一切真相；
害怕雨會變大，太陽變老；
害怕影子會說謊，或者什麼也不說。

罔兩害怕今天的害怕，會繼續澎脹。
罔兩想逃跑，但無處可逃。
倘若離開了影子，逃跑將不具意義，
因為，
罔兩實在害怕所有存在與不存在的害怕。

法國哲學家阿爾貝・卡繆言道：「對未來的真正慷慨，是把一切獻給現在。」內心堅定，不生恐懼，在這逃無所逃，無法拋擲且必須互相依附的關係當中，不必有心執著的去依附或是刻意的不依附。時刻提點自己，保持內心清明。無心、無為、無待，外化而內不化的來恆定住「知其不可奈何而安之若命」的把握。不侷限於命的有限性，能夠依而不恃，可以依無所恃，超越重重窒礙，化有限為無限，便能作為把握得住自己的自在逍遙啊！

「惡識所以然？惡識所以不然？」我是因為有所等待才會這樣子的嗎？我所等待的又是有所等待，才會因此而這樣子的嗎？人的一生好比置身在詭譎多變的長途旅行之中，無論路途如何的顛沛流離，風光如何的跌宕起伏。只要篤定踏實，不忮不求，時刻保持心中風景的那一份舒卷靜謐，肯定著這樣的一片美好。從何處來亦知於何處返的安適自在，各自依附又各自自返獨立的美麗境界。如此一來，便應當是：嗨！影子，我回來了；嗨！罔兩，感謝你還在；嗨！形體，依舊充實而能量飽滿；嗨！我們終能各自精采獨立而優雅並存了！

3. 再見我是我

精神主旨

知其然知其所以然，
然與不然由心做主！

罔兩有待於影，影又有待於形，形亦有待於身，如此一來的周旋復始、往返迴旋，成就無限之相待。若問所待為何？何以故？實是人心執迷不悔的種種造作使然。

罔兩被影子役使，影子又被形體役使，而形體同樣又被「他者」所役使。同樣的，「他者」仍舊不能倖免於「另一他者」的種種牽制駕馭。於是，物物皆受其「他者」所役使主宰，放失自我、遺失本我，因日日追逐一己之欲而時刻不能止息於被其「他者」所操持把弄。告別了本來面目，模糊了初心來路，終將導致永無喘息的逐物不返之境。

知其然知其所以然，知道他是這樣的，也清楚他為什麼是這樣的，你才能夠正確判斷，並實踐你所認為有其實踐價值必要的「然」，而不會被其貪嗔癡諸多有待的種種迷惘中的「不然」，給牽引牽絆住。知道了事物表面的有所執取、有所待的「不然」現象，也清楚了事物能夠無心無為無所求的「然」的本質及其產生的原因。明白了「然」與「不然」，是屬於人生逃無所逃的擇選走向，是每一個存在當下所必須面對的課題。而屬於擁有形體的那一個你，究竟該歸屬於「然」亦或是「不然」呢？

透過了罔兩問景的一問一答，像是自我探詢的層層對話，逼出了當下問題的源頭，揭示了在世間複雜多變的人際關係中，我們都是別人的影子而從無例外。如影隨形，形影競走，逐影追形而不知返。然而，我是因為有所等待才會這樣子的嗎？我所等待的又是有所等待，才會因此而這樣子的嗎？然與不然終究須由心做主，因為心是通往世界唯一的道路。可是心又該如何拿回主權，從而來當家作主呢？

「今者吾喪我」，意思是說現今當下「心靈的我」將「形體的我」給消解擺脫掉了。心本於形軀之中，如今屬於心靈的我掙脫了自己的形軀，將自我的形軀化解掉了、釋放開了。既然我已然能夠擺脫形軀的負累與執拗，心從形軀裡被全然的解構出來，因此便能得到全新的自己。「今者吾喪我」，心靈得到自由的主導權後，便能在修養工夫的天地之間自得遨遊。可是在「罔兩問景」中所要闡述的真實生命其實是物物相依、心物一體的罔兩「形」自罔兩「心」，影「心」自影「形」，形體「形」自形體「心」，身「心」自身「形」。心靈與形軀是構成生命的實存，不可能偏執心靈而丟擲形軀，或是只存形軀而放手於心靈。可見由心作主的然，依舊是要在「心形」合體之中，才能彰顯出以「心」當家作主之獨立修養的真知蘊蓄。

「形有所忘，德有所長」，忘掉絆住你成長的那個形軀，你的德行才能夠有所成就。「彼有駭形，而無損心」，你的形體會在載浮載沉的人間世中與之變化，卻不能減損有關於你的初心。勿存心依傍，亦勿存心不依傍；讓心作主，由己當家；成心若除，所執亦去。拿回生命的主導權，見物之無所待而各是其所是，誠然地做自己，才能於無待隨順之中成就逍遙的大好自在。

印度哲學家克里希那穆提在《人生中不可不想的事》中說道：「如果你總是依賴著別人給你快樂，這不止是外在肉體的依賴，而是內在的、心理上的依賴。從其中，你或許會獲得所謂的快樂。但你一旦這樣依賴別人，你就變成了他人的奴隸。」於是，知曉了因有待而形成了執取困頓的不然，拋擲了「惡識所以然？惡識所以不然？」的無奈迷惘，完成自己心中無待無求的理想自己，而非依附他人心中的理想自己，才能於有待的覺知覺醒下，照現自己所有真善美之的種種安好。

生命的道途，充滿了諸多無能為力的身不由己，是否能夠隨心所欲，自在自主的為自己的人生做出一切的決定呢？努力不讓自己成為影子，更不要讓自己成為了罔兩。自己無待一切無待，因其無待，心志得以自由，道便會在吾人自身呈現，成就用心護持自我的可貴價值。然與不然由心做主，讓心彰顯，識得本來面目。透過形體生命的真正落實，將自我安放在道境之中，達到無待的最高境界，才能對其自身價值給出無入而不自得的真實肯定。

反思討論

咖啡因是不是因呢？奇異果果真是果嗎？

罔兩是不是果呢？影子又真能代表因嗎？

不落入紅塵俗事的因果迷惘中，

如何能夠成為可能呢？

自然之道無他，變化莫測而已矣。沒有固定的君，亦無固定的臣，依傍不依傍，便是變化之道。不心存依恃，也不存心不依恃，因其存心，因為心存有執，便會升起無名造作的各種荒謬而和自然無待背道而馳了。

然而說到了因果現象，就字面上的意義來看：咖啡因是不是因呢？奇異果又果真是果嗎？咖啡因和奇異果皆是含義豐富，且無法將其「咖啡因」中的「因」與「奇異果」中的「果」，各自拆解分割出來的整全名詞。又，在罔兩問景中：依附於影子的罔兩是不是果呢？然而影子又真能代表罔兩的因嗎？追求自身自在的價值意義，究竟如何能夠成為可能呢？

被其依附無法須臾自主之所待所為的世界裡，即便是安安靜靜地等待，坐在那兒一動不動，因其有執有為念想，內心世界不免是坍塌粉碎，一地狼藉。於是，自己無待便一切無待，自我平齊將一切平齊。不墜入依恃不依恃，有所待有所不待的無限因果迴旋中，亦不落入紅塵俗事的無限因果迷惘中，而來天涯流落的一路一因一果的滾而不返。讓心作主，由己當家，拿回本屬於自己的本我天真，在自我實現的成長價值中，不停地叩問自己：要與不要？該與不該？能與不能？最後，在找到自己正確的人生軌道後，方得以從心出發，才能夠成就可能，活出生命的內涵價值。

唱和呼應

♪改編自梁靜茹〈寧夏〉

寧靜的夏天……摸到你那溫暖的臉。

♪改編後

罔兩問景曰，
曩子行今子止，
曩子坐今子起，
何其無特操與，
吾有待而然者邪，
吾所待又有待而然者邪，
吾待蛇蚹蜩翼邪，
惡識所以然，
惡識所以不然。

為尊重及保護著作財產權，僅列出改編歌詞的曲目、主唱者及頭尾歌詞，方便讀者自行查找改編處。

第十二章　每下愈況

1. 道彰顯於世態人情之中

故事引導：卑微中見道

楊絳（一九一一年七月一七日－二〇一六年五月二五日），本名楊季康，江蘇無錫人，著名的作家以及文學翻譯家。其父楊蔭杭是江浙聞名的大律師，因而成就了楊絳於書香門第的家庭淵博中嗜書如命。一九三二年進入清華大學就讀，相遇了志同道合的錢鍾書，自此相濡以沫，白頭偕老。著有《幹校六記》、《洗澡》、《我們仨》、《走到人生邊上：自問自答》等；劇本《稱心如意》、《弄真成假》；譯著有《堂吉訶德》、《斐多》等等。

回首多年前，楊絳於《坐在人生的邊上——楊絳先生百歲答問》中說道：

我今年一百歲，已經走到了人生的邊緣，我無法確知自己還能走多遠，壽命是不由自主的，但我很清楚我快「回家」了。我得洗淨這一百年沾染的污穢回家。我沒有「登泰山而小天下」之感，只在自己的小天地裡過著平靜的生活。細想至此，我心靜如水，我該平和地迎接每一天，準備回家。

在這物欲橫流的人世間，人生一世實在是夠苦。你存心做一個與世無爭的老實人吧，人家就利用你欺侮你。你稍有才德品貌，人家就嫉妒你排擠你。你大度退讓，人家就侵犯你損害你。你要不與人爭，就得與世無求，同時還要維持實力準備鬥爭。你要和別人和平共處，就先得和他們周旋，還得準備隨時吃虧。

少年貪玩，青年迷戀愛情，壯年汲汲於成名成家，暮年自安於自欺欺人。

人壽幾何，頑鐵能煉成的精金，能有多少？但不同程度的鍛煉，必有不同程度的成績；不同程度的縱欲放肆，必積下不同程度的頑劣。上蒼不會讓所有幸福集中到某個人身上，得到愛情未必擁有金錢；擁有金錢未必得到快樂；得到快樂未必擁有健康；擁有健康未必一切都會如願以償。保持知足常樂的心態才是淬煉心智，淨化心靈的最佳途徑。一切快樂的享受都屬於精神，這種快樂把忍受變為享受，是精神對於物質的勝利，這便是人生哲學。

一個人經過不同程度的鍛煉，就獲得不同程度的修養、不同程度的效益。好比香料，搗得愈碎，磨得愈細，香得愈濃烈。我們曾如此渴望命運的波瀾，到最後才發現：人生最曼妙的風景，竟是內心的淡定與從容……我們曾如此期盼外界的認可，到最後才知道：世界是自己的，與他人毫無關係。

楊絳，行過一世紀的女子，由三反五反到文革，並非風平浪靜地度日，卻仍執守著樂天安命的自我之「道」，在優遊覓尋屬於自我完善的道境之中，安時而處順，不以哀樂入之於身。從而完成了以一個小小卑弱之我，大大綻放他者之個人生涯中的「道」的成全與使命。

唯有身處卑微的人，才能看到世態炎涼的真相，體現個人生命之「道」的意義。萬物雖因其時間空間的遞換而有著興衰起滅之種種變化，但運作於萬物的道卻是無物不存、無所不在的。蘇東坡說：「惟江上之清風，與山間之明月，耳得之而為聲，目遇之而成色，取之無禁，用之不竭。是造物者之無盡藏也，而吾與子之所共適。」於是，道不僅僅運作萬物，普遍萬物，更是內化於萬物的無盡寶藏，而非常人所識得的，道僅僅只屬於造物者的一種神聖且高不可攀的懸空概念。

上善若水，水善利萬物而不爭。處眾人之所惡，故幾於道。居善地，心善淵，與善仁，言善信，政善治，事善能，動善時。夫唯不爭，故無尤。

《老子・第八章》

聖人上善的生命人格，似水一般。水善於潤澤萬物而不與萬物相爭，棲留在眾人所厭惡的卑微之地，所以是最接近於「道」的高貴表徵。上善的人，居處最善於選擇地方，心胸善於持守沉靜而莫不可測。待人善於真誠無私，說話善於恪守信用，為政善於精簡處理。能將國家治理好，做事能夠善於發揮所長，行動善於把握良機。至善的人的所作所為也正是因為有此不爭的美德，因此便沒了過失，亦不造就怨咎。

一如晚年的楊絳，在歷經愛女與丈夫相繼離世，獨居北京三里河的一間樸素的公寓裡。說道：

「我的丈夫錢鍾書逃走了，我其實也想逃走，但是能逃到哪裡去呢？我壓根就無法逃啊！還得留在人世間，打掃現場，善盡我本當應盡的責任。」於是，八十多歲的老邁楊絳，開始翻譯了柏拉圖對話錄《斐多》，並自稱是「做一件力所不逮的事，投入全部心神而忘掉自己。」她還將英國詩人蘭波的一句詩譯成中文：

我和誰都不爭，和誰爭我都不屑；我愛大自然，其次就是藝術；我雙手烤著生命之火取暖；火萎了，我也準備走了。

世間好物不堅牢，彩雲易散琉璃脆。一個散文尤似清茶，芳香沁人的才女，在自我的道途中，突破了「初極狹，才通人」的人生一道道苦難經歷的桎梏，在讀懂生命真諦之字裡行間的天地中，不住的審視淬煉，從而昇華至「豁然開朗、土地平曠」的深泓境界。

最高貴的生命，總是藏匿於最不起眼的低賤之處。由此可知，道雖遍施於萬物，然而萬物亦須在奮起超拔的精進對應中，才能夠得以朗現出道的根本意含。究其實，便是要在親近道的進階成長之中無掉了自我，放開了自我，真真切切的由小至卑微處領略到「道」的發顯，從而給出了萬物完成自我並成就自我之道的生命真機。

故事引導：命運中體道

「只要你能夠履行我所賦予你的一項任務來作為回報，那麼你也將能夠成就你的心願。」這是電影《命運咖啡館》裡再三重現的一幕。

看似普通尋常的咖啡館裡，一個謎樣的男人瀏覽著他手中那個寫得密密麻麻的厚重筆記本。然後，從容而又淡定的聆聽坐在餐桌對面焦慮而又滿懷期待的請托者，娓娓訴說著他們各自無法為外人道的秘密遭遇。

員警想找回遭人偷竊的錢？但他得先去襲擊一個陌生人。

父親殷盼兒子能夠奇跡康復？但他得先殺掉一個小女孩。

修女渴求上帝的愛？但她必須得讓自己先懷孕。

女子想要變美獲得真愛？但她得去搶劫。

……。

「你是魔鬼嗎？怎麼可以要我去做那麼可怕的事情來做為問題的交換回報？」

「你可以選擇不要呀！」謎樣的男人露出詭譎的笑容應答著。沒錯，看似雪中送炭的他，的的確確是在趁火打劫之中，餵養著每個想要滿足內心貪婪願望的魔鬼。

導演說道：「這個神秘的男人是誰？源於何處？規則由誰制定？皆非本劇重點。這是一群渴求能夠逆轉人生困境以及冀盼奇跡發生的個別請托者。如何選擇，值與不值以及後果承擔，皆由請托者自行決定。」其後，他們時不時的會返回咖啡館，告訴這謎樣的男人，經過選擇後的生活是如何受到改變的。波及混亂亦或是驚覺反思……，無論如何，男子總是能夠耐心傾聽著，被密密麻麻筆記記載的所有物件客戶，看似無關卻是竟如蝴蝶效應般的環環相扣，逃無所逃的演繹出無法分割的人生際遇。

任務一再挑戰道德底線，人性的善惡面向，被真實赤裸的攤置在一張不甚起眼的咖啡桌上。因果命運不斷的跌宕往復，遂逼顯出自我必須在天使與魔鬼間做出斷舍抉擇。吃力不討好的魔鬼，因著「道」普遍於良知本性的內心而漸次地與其日久情疏，最後，更是看穿了不再受其接納與歡迎，便也只能夠是悻悻然的離開。而在劇終，亦是出乎意料地達成了每個請托者的心願，留下了「道」在人間彰顯的精采餘韻。

> 有物混成，先天地生。寂兮寥兮，獨立而不改，周行而不殆，可以為天地母。吾不知其名，字之曰道，強為之，名曰大。大曰逝，逝曰遠，遠曰反。故道大，天大，地大，人亦大。域中有四大，而人居其一焉。人法地，地法天，天法道，道法自然。
>
> 《老子・第二十五章》

有一物體混然天成，在開天闢地之際便已然存在。聽不見它的聲音也望不著它的形體，寂靜空虛，不倚靠任何外力而獨立長存，永不止歇，迴旋運行而永不衰竭，可以成就萬物的根本。我不知道它的名字，所以勉強把它稱做是「道」，再勉強給它起個名字叫做「大」。它廣大無邊而運行不怠，運行不怠而伸展遙遠，伸展遙遠而重返回本源。所以說道大、天大、地大、人也大。宇宙間有四大，而人是位居其中之一。人取法地，地取法天，天取法道，而道則是純任自然。

體道的人肯定通達事物的道理，通達事物道理的人，便不會讓外物來折損自我的本性，保全自我的本真天性便是保全自我內在的真實生命。《命運咖啡館》中的每個請托者皆是欲意成就幸福的共犯，輾轉反復，問題重重的請托者，心中的不安不忍，便是在道的潤物涵養下，願意真實的面對接受並處理放下。因著道內化於心中不斷地叩門答問，終於逼出最是純粹的自己，從而心甘情願拋擲掉種種傷人害己的可怕念想。

謎樣的男人，詭異一樣的笑容，就像是被黑暗緊緊籠罩卻又在道的含藏蘊蓄之中發顯而熠熠普及於眾多請托者。將萬物回溯到它的根源，以道觀之，物無貴賤；因道遍及，天地大美。雨露均沾，故能在自自然然的道化之境中，安於內己，化於外物。道大，天大，地大，人亦大。精神生於道，人亦在道的無限孕生中開發能量、卓成智慧。由此而獨與天地精神往來，與造物者同遊。命運中體道，氣象中迎道，從而共遊於道的究竟真實之中。

2. 每下愈況還是每況愈下

原文對焦

東郭子問於莊子曰：「所謂道，惡乎在？」

莊子曰：「無所不在。」

東郭子曰：「期而後可。」莊子曰：「在螻蟻。」
曰：「何其下邪？」曰：「在稊稗。」
曰：「何其愈下邪？」曰：「在瓦甓。」
曰：「何其愈甚邪？」曰：「在屎溺。」東郭子不應。
莊子曰：夫子之問也，固不及質。
正獲之問於監市履狶也，每下愈況。汝唯莫必，無乎逃物。

《莊子・知北遊》

稊稗：泛指小米、野穀之類。
瓦甓：瓦片、磚塊。
監市：市場管理員。
履狶：踩踏豬的小腿作為檢驗豬的肥瘦。

語譯對應

莊子因為博學，所以經常有人向他請教問題。有位東郭子問於莊子：所謂的「道」，究竟是要在甚麼地方才能夠得以顯見呢？

莊子答道：「無所不在」。

東郭子聽後便問：那麼請您舉個例子說明吧！

莊子回答：在螻蟻裡面。
東郭子不解道：怎麼會在如此卑微的地方呢？
莊子再答：在雜草之中。
東郭子道：為什麼又更卑下了呢？
莊子回覆：在瓦片磚塊之中。
東郭子說：這話為何越說越是過分了呢？
莊子回答：在屎裡在尿裡。
聽到這裡，東郭子便不再作聲了。
莊子這才解釋道：先生的問題根本就沒有觸及到實質。舉例來說，有位名叫獲的市場管理員，他向屠卒詢問如何判定大豬肥瘦的要訣。屠卒回答道：那必須得用腳踩著豬的小腿作為檢驗豬的肥瘦，越向下踩，越是能夠明顯發現。因為小腿部分最不易長肉，倘若這部分的肉愈多，便能夠得知豬隻愈肥了。因此莊子對東郭子說道：你大可不必如此地提問，何以故？因為道是不會離開一切事物的。
「每下愈況」的成語便是由莊子和東郭子的對話而來的。「每下」即是每次用腳往下踩去，「愈況」則是越能夠知道豬的肥瘦情況。意思是指越從低微、越是向下深入探求，就越能夠瞭解到事物真實的樣貌情況。
東郭子代表著一般人對於「道」的根深蒂固之價值判斷，以為「道」非得是望塵莫及的高深學問不可。而由以上對話中，螻蟻、稊稗、瓦甓等等泛指價值形態較低的存在形式。莊子認為道內在於這些事物，既強調了道的無所不在，也肯定了作為存在本源依據的道，與之具體事物並無扞格，從而打破了界線同處的共存相依。無色、無味、無相、無形的道即是道的本體，因其如此更顯其不可思議之精微奧趣。而當道產生其作用時，萬物亦隨順變化，同融於道的普遍存在特性之中。

汝唯莫必，無乎逃物。至道若是，大言亦然。周、遍、鹹三者，異名同實，其指一也。嘗相與遊乎無有之宮，同合而論，無所終窮乎！嘗相與無為乎！澹而靜乎！漠而清乎！調而閑乎！寥已吾志，無往焉而不知其所至，去而來而不知其所止。吾已往來焉而不知其所終，彷徨乎馮閎，大知入焉而不知其所窮。物物者與物無際，而物有際者，所謂物際者也。不際之際，際之不際者也。謂盈虛衰殺，彼為盈虛非盈虛，彼為衰殺非衰殺，彼為本末非本末，彼為積散非積散也。

《莊子・知北遊》

莊子接著說道：你別老是執著於己見，因為天地萬物皆是逃無所逃的。至高的道是如此，偉大的言論也是一樣的，不應該一味要求確指道的所在方位。道不離物，無所不在，所以說道是周全、普遍、完全的。周、遍、鹹三個詞語所說的都是道的周遍於萬物的特性。讓我們試著一同遨遊於無何有之鄉，混雜於萬物作為同等談論，便可知悉一切都是無窮無盡的，且讓我們試著一起無所作為吧！一如恬適而安靜啊！漠然而清幽啊！調和而悠閒啊！心志如此地空虛寂寥，出去了而不知將會到達何處，回返了也不知會停在哪裡。我如此的往往返返啊竟也不知道終點究竟在哪裡，翱翔於遼闊無邊的境地，運用最大的智力，也不曉得邊界在何處始能窮盡。主宰萬物的道與萬物之間沒有分際，然而物與物則是有分際的，便是所謂萬物之間的分際。無分際的道寄託在有分際的物之中，就像是有分際的物寄託在無分際的道之中。以其盈虛衰殺來說，道使物有其充盈虛空而物自身並沒有充盈虛空；道使物有衰退消殺而物自身並沒有衰退消殺；道使物有始終而物自身並沒有始終；道使物有聚散而物自身並沒有聚散。

以上說明了道雖是變化莫測、不易捉摸，卻又實存於萬物之中。郭沫若認為：「宇宙萬物認為只是一些跡相，而演造這些跡相的有一個超越的感官，不為時間和空間所範圍的本體，這個本體的名字叫『道』。」即便物有盈虛衰殺、聚合始終，皆不影響道既超越又內在的價值特色。道體是無限的東西，無時不在、無處不在、無所不在。所謂的「以道觀之，物無貴賤」，從自然的常理來看，世間萬物毫無貴賤之分，螻蟻裡有它，稊稗裡有它，瓦甓裡有它，屎溺裡有它。因此馮友蘭便認為：「道為天地萬物所以生之總原理。」故「每下愈況」便是用來說明無論任何卑微之境，「道」肯定在周全、普遍、完全的周、遍、鹹中真真實實的存在著。道雖存在於屎溺，亦在屎溺之中見其偉大。不過啊！後來竟衍生出「每下愈況」和「每況愈下」兩個令人傻傻分不清楚的詞語，其原因又究竟為何呢？

「每況愈下」，源出南宋文學家洪邁的《容齋續筆・卷八・蓍龜卜筮》：「人人自以為君平，家家自以為季主，每況愈下。」洪邁語出這段話其實是要批判那些占卜算卦的市井細民，人人都自以為是，家家都自以為貴，個個自以為是著名的術數名家，反倒將占卜算卦專業糟蹋得毀譽紛紜，而使情況越來越糟了。

這裡的「每況愈下」做為現今通行的解釋便是情況愈來愈壞的意思。換言之，「每況愈下」到了洪邁這裡，便已完成了意義上的轉換，其後「每況愈下」的含意便予以固定了下來，而與《莊子》原始出處再無干係。

《莊子・知北遊》中的「每下愈況」即越是在低微的領域，越是能瞭解到真實情況。兩相較之，「每下愈況」的「下」是越是向下往下的意思；而「每況愈下」的「下」則是情況越下，越差越不好的意思。尤有進者，「每況愈下」與「每下愈況」雖是相似度極高，實為兩個截然不同的成語，需明白慎用，以免貽笑大方。

比如說近代史上大名鼎鼎的人物：魯迅和章士釗。二人不僅水火不容的互看不順，甚至還鬧上了一段令人津津樂道的著名公案。

話說當時任職北洋政府教育總長的章士釗力倡復古讀經，不僅排斥新文化，亦不屑於白話文的淺陋貧薄。章士釗在發表《孤桐雜記》的內文中記載道：「民國承清，每況愈下。」魯迅逮著了難能機會，便依據章太炎的《新方言・釋詞》：「愈況，猶愈甚也。」找出章士釗文章中的語病，趁機譏諷身為教授專家的章士釗，竟錯把「每下愈況」寫成了「每況愈下」，將誤用成語的惡名硬生生地栽到章士釗身上，大肆反擊令其洋相盡出。

不過話說回來，「每下愈況」的詞語雖是最早源於《莊子・知北遊》，可時至今日，後出的「每況愈下」其意義反倒被約定俗成並被廣為大眾運用，因誤用而沿用，使得原本正確的「每下愈況」一詞，反倒是乏人問津了呢。

3. 卑微低賤中的生命之道

精神主旨

貴以賤為本，高以下為基。
賤下處尋道，越知道所在，
此非以賤為本邪？

貴以賤為本，高以下為基。是以侯王自稱孤、寡、不穀。此非以賤為本邪？

《老子・三十九章》

貴以賤為根本，高以下為基礎，因此侯王們自稱為「孤」、「寡」、「不穀」，來做為孤德寡行之人，力邀天下人來扶持輔佐，如此的治國平天下，這不就是以賤為根本嗎？

作為萬物來源及歸宿的道，遍及一切可能。道在江湖日常，淡泊寡味，更為突顯了道的高貴。道雖不避開卑微低賤，可卑微低賤卻不等同於道。卑微低賤，是道貫穿於其中，經由修為與涵養，所能體現出道在人間處處碰撞昇華的美感。故賤下是內斂蘊藏的修為功夫，卑微則是解消淬厲的涵養真性。道內化於卑微，內化於低賤，內化於無所不在的生命流行當中。

「每下愈況」一文中以為道應當為其高貴的東郭子，要求指證並在與莊子的層層對話之中，得出了無從捉摸，無所不在的道，竟是在螻蟻、在稊稗、在瓦甓，更甚至是在屎溺。透過莊子而逼顯出道在普遍中所朗現的真諦與價值，既是內在貫穿於萬物之中，又是超越直入於萬物之上，充滿變化卻又能夠真真實實於當下體現安頓，正是能和低賤同在，而又可以與之卑微同行的遍及於究竟真實之中。

在太極之先而不為高，在六極之下而不為深，先天地生而不為久，長於上古而不為老。

《莊子・大宗師》

然而道究竟在哪裡呢？不在師長那兒，也不在神靈那裡，道是源自於你自己，是自己本來就有的自本自根，是道的普遍意義以及存在特性。無法要求指名道的所在，因為道不離物且無物不存、無所不包。即使懸在天穹的最高頂，仍不能說有多高；即便埋在地殼的最深層，仍無法言有多深。因為無限，處處皆在，因此比天長地久更久長，仍不能言長道久；比天神地祇更長壽，仍不能道長言壽。因為永恆，時時皆存。

形而上的道在其存在層面上亦有其本源依據。比如說螻蟻、稊稗、瓦甓，更甚至是在屎溺等，以其價值經驗型態較低的存在形式呈現，從而將道內在於這些事物之中。既是強調了道無所不在，從而肯定了道存在的本源依據。以上所指，皆呼應了「每下愈況」的道境，即越是在低微的境域，越是能瞭解到真實情況。

天地與我並生，萬物與我唯一，經由通天下之氣中見其道和萬物與之為一，從而消解了「道」高高在上的桎梏界限。既已解消了常人自以為是的「道」的限制義，體現天地萬物無處不存，無往不及的自然狀態。因此，不能再以任何自稱虛遠高貴的緣由而離道獨立、遠道自存。明白了道不遠人，因道自律、依道而行，便能活活潑潑活自己，己立立人己向上。在每下愈況的真善美中厚積薄發，於真真實實就低微處厚德載物，體驗當下所有，所有湧現美好。

反思討論

如何由每下愈況之道的普遍性，

從而理解莊子理想人生的藍圖願景。

道不用修，但莫污染。何為污染？但有生死心，造作趨向，皆是污染。若欲直會其道，平常心是道。何謂平常心？無造作，無是非，無取捨，無斷常，無凡無聖。

《景德傳登錄》

世人往往把道看得太高深莫測，誤會了道只存在高處不勝寒的高貴之境。其實萬物萬象都是道的變化，無有高低貴賤之分。道生萬物，造化自然，一律平等，無差無別，無貴無賤，無是無非，平常自然，不假外求，普遍自現。於是人人皆能成就自身，發展自我，活出自己。

真傳一句話，假傳萬卷書。莊子用最淺顯的「每下愈況」來做為比喻，即一花一世界，一葉一如來，隨順變化，道在屎溺，真實湧現。換言之，最終極的真理，離不開大道至簡，大道卑微，大道普遍。於是，莊子理想人生的藍圖願景，便是在每下愈況的最低微處，最是真切的情況處境，在致廣大而盡精微中，每個人我都能夠輕輕鬆鬆、簡簡單單的掌握住天地之根，眾妙之門的精采之道。

唱和呼應

♪改編自于文文〈體面〉

分手應該體面……再見不負遇見。

♪改編後

東郭子問莊子，所謂道，惡乎在，
無所不在，在螻蟻，在稊稗，
何其愈下，在瓦甓，在屎溺，
每下愈況，從低微，向下探求
所謂道惡乎在，在螻蟻，在稊稗，
瓦甓屎溺，真實樣貌越呈現，
每下愈況，喻低微處看道。
每況愈下，情況越壞，
每況愈下，是越糟。

為尊重及保護著作財產權，僅列出改編歌詞的曲目、主唱者及頭尾歌詞，方便讀者自行查找改編處。

第十三章　虛與委蛇

1. 無限生機的深不可測

故事引導：自我兌現的預言

朱彝尊，號竹垞。博通經史，纂修《明史》，是清朝初年的大學者。清人王椷於筆記小說《秋燈叢話》裡，記載著關於朱彝尊一段夢境的離奇故事。

話說朱竹垞喜啖鴨肉。某天夜半，朱氏夢見自己在明媚春光中出遊，行經郊外時，見一大水池，池中有鴨數千隻，一旁還有位看守池子的童子。這位童子面露微笑的對著朱氏說道：「先生，您瞧瞧這一整池的鴨，都是專屬於您一生的食料。」看了滿池最愛的鴨，又聽聞童子的說詞，這讓好啖鴨肉的朱竹垞甚是歡欣。

多年過去，來到了朱氏的八十一歲。某日夜半，他又夢見自己過去所夢到的那一大水池。在好奇心不斷的驅使之下，他緩緩朝向水池走去，近距一望，赫然發現水池裡僅剩下兩隻鴨子。驚醒之後，愈發覺得此夢乃為不祥之兆。擔心應驗自己的預兆，於是命令家人奴僕，從今往後一律禁止烹煮鴨肉。

說巧不巧，其女因憂心老父親的健康狀況，又深知父親愛吃鴨肉，便特地精心烹煮了兩隻鴨來做為子女盡其孝敬之心。朱竹坨一見到甫進家門的女兒，帶來了兩隻煮熟的鴨子，不禁臉色大沉，哀傷憂歎道：「唉！人算竟不如天算哪！果如夢境所示，我的食祿想必也該要至此終結了啊！」此話一出，竟一語成讖的讓朱竹坨於當晚逝世了。

姑且不論故事是否真假，可一旦人的潛意識裡存留著信者恆信的畫面，積聚著信以為真的囿見。於是心理防衛線的軌跡崩塌了，便難不被自以為是之眼見為憑的真相給全額兌現了。一代博學鴻儒尚且如此，更遑論是身為你我一般的市井小民呢？由此觀之，人的心理意念經常是令人捉摸不定、匪夷所思的。有時候是信者恆信，因信而逆轉頹勢，生機得以展現；可有時卻因信者為真的執拗，而造成了信而須亡之無法挽回的錯誤遺憾啊！

這便是現代心理學所謂的「自我兌現的預言」，即是由古至今似是洩漏天機的「預知夢境」。年邁的朱竹坨把夢境投射在心理上，心理意念陰霾便以迅雷不及掩耳之勢的影響生理安全防衛。身心平衡一旦被瓦解了，順應自然之道被消融了。深信命中註定的盲目結果，於是照單的呼應了，於是嗚呼了一命了，於是於是，聰明反被聰明誤的忠誠兌現了。

故事引導：將就講究的道境

眾所皆知，蘇東坡成為眼中釘、肉中刺的悲慘命運便是在於他因為反對錯誤的改革而得罪群小。宋神宗元豐二年（一〇七九年），蘇軾於一篇謝表中表達對新法的多所不滿，因而被新黨有心構陷，故意挑章揀句，以「文字譭謗君相，作詩諷刺新法」之名，羅織成欺君罔上之罪。歷經「烏台詩案」

這九死一生的苦難，再回頭看看這個早在二十歲便中進士的得志青年。其後四海飄零、跌宕起伏的人生，並沒有因顛沛流離而被擊垮。反而是在屢屢深淵中超脫挺立、樂觀曠達，並將生命之姿的價值美好，舞得有模有樣、餘韻無窮。

元豐三年（一〇八〇年），死裡逃生的東坡，踉踉蹌蹌的領著一家老小，以一個流離失所的身份，被貶至偏遠荒破的黃州落腳。黃州是長江邊上一個極其窮苦的小鎮，生活起居無一不困難拮据。為了生存，不得不親自動手，建數間草屋改善居住環境。其他如開墾荒地、插秧灌溉、播糧種菜，築水壩、建魚池、打井上，頂著烈日辛勤耕作的沉重牛犁，亦如過往手中握著文人的筆墨，揮灑出常人難以匹及的錦繡文章。最好的人生，便是能在將就的絕處中，逢生成講究的理想道境。

再來談談因蘇軾而得以成功逆襲的豬肉。宋代宮廷家法規定：「飲食不貴異味，御廚止用羊肉。」意思是飲食不追求崇尚奇珍異味，只管吃羊肉就行了。蘇軾在京城為官時，無論是皇家賞賜，亦或是賓客宴請，吃的都是上等的羊肉。至於一般士庶百姓，也僅能在逢年過節之時或是宴請嘉賓時候，才能稍微嘗一嘗肉鮮，打一打牙祭。

而豬肉則因為寄生蟲和味道的緣故，並不受大眾的青睞，只有勞苦階層的人才會買來吃。深陷囹圄的蘇軾，來到了黃州這不毛之地。衣食困頓，買不起羊肉的他，也只能是改吃豬肉。正因為當時豬肉並不討喜，老百姓也不太會烹食，於是蘇軾煞費苦心，開發了新的料理方法，於是饒富趣味的《豬肉頌》就這麼給誕生了。

淨洗鐺，少著水，柴頭罨煙焰不起。待他自熟莫催他，火候足時他自美。

黃州好豬肉，價賤如泥土。貴者不肯吃，貧者不解煮，
早晨起來打兩碗，飽得自家君莫管。

意思是說將鍋子洗得乾乾淨淨的，放少許水，再燃上柴木、乾草，小心地抑制火勢，用不冒火苗的虛火來作為煨燉。不用催它，待它自己慢慢地熟透，只要火候足夠，它自然會滋鮮味美。黃州有此絕佳的上好豬肉，價錢卻是如泥土般的低賤。富貴人家棄嫌不肯吃，貧窮人家想吃卻不會烹煮。我每天一早起來便要打上兩碗，吃得神清氣爽的飽足愜意。如人飲水，冷暖自知，至於外界對我的褒貶評價，我早已是置之於度外，又何須勞心費神的予以理會了呢。

如今的東坡肉，早已是成為家喻戶曉的盤飧佳餚，正是蘇軾正視挫折後的達觀哲學，才能將富貴人家棄嫌不屑的豬肉，換個方式並巧思創意的加以烹調，始得以變換出頗受佳評且極富美味的東坡肉。困境中探尋的生活意趣，隨遇中安適的豁達樂觀。詩人一貫精神，總能在自嘲自傷自解之中，承擔命運的撥弄，享受命運的禮贊。順應自然為道，平常之心亦是道的既能在京城裡快意的大啖羊肉，亦能於黃州中微笑的享受豬肉。貶謫之路路迢迢、苦漫漫的華麗轉身，鼓舞著多少逆風挺進的每個你我。將世人逃無所逃的倉皇將就，都在東坡的曠達的隨順中，幻化為無限生機的深不可測，從而成全了處處講究的道境美學。

2. 壺子示相之道術生命

原文對焦

鄭有神巫曰季咸，知人之死生、存亡、禍福、壽夭，期以歲月旬日若神。鄭人見之，皆棄而走。列子見之而心醉，歸，以告壺子，曰：「始吾以夫子之道為至矣，則又有至焉者矣。」壺子曰：「吾與汝既其文，未既其實，而固得道與？眾雌而無雄，而又奚卵焉？而以道與世亢，必信，夫故使人得而相汝。嘗試與來，以予示之。」

明日，又與之見壺子。出而謂列子曰：「嘻！子之先生死矣！弗活矣！不以旬數矣！吾見怪焉，見濕灰焉。」列子入，泣涕沾襟以告壺子。壺子曰：「鄉吾示之以地文，萌乎不震不正，是殆見吾杜德機也。嘗又與來。」明日，又與之見壺子。出而謂列子曰：「幸矣！子之先生遇我也。有瘳矣！全然有生矣！吾見其杜權矣！」列子入，以告壺子。壺子曰：「鄉吾示之以天壤，名實不入，而機發於踵。是殆見吾善者機也。嘗又與來。」

明日，又與之見壺子。出而謂列子曰：「子之先生不齊，吾無得而相焉。試齊，且復相之。」列子入，以告壺子。壺子曰：「鄉吾示之以太沖莫勝，是殆見吾衡氣機也。

鯢桓之審為淵，止水之審為淵，流水之審為淵。淵有九名，此處三焉。嘗又與來。」明日，又與之見壺子。立未定，自失而走。壺子曰：「追之！」列子追之不及。反，以報壺子曰：「已滅矣，已失矣，吾弗及已。」壺子曰：「鄉吾示之以未始出吾宗。吾與之虛而委蛇，不知其誰何，因以為弟靡，因以為波流，故逃也。」

然後列子自以為未始學而歸。三年不出，為其妻爨，食豕如食人，於事無與親，雕琢復樸，塊然獨以其形立。紛而封哉，一以是終。

《莊子・應帝王》

壺子曰：鄉吾示之以未始出吾宗。

吾與之虛而委蛇，不知其誰何，

因以為弟靡，因以為波流，故逃也。

《莊子・應帝王》

宗：大道之根宗。

虛而委蛇：心境空虛寂靜，隨物變化。

虛，無所執著、無所表示；委蛇，隨順自然應變之貌也。

語譯對應

壺子說：方才我所顯示給季咸看的是完全不離大道本源的狀態。我以其心境空虛寂靜，隨物變化來依順著他，使他不能知曉我究竟是誰，屬於什麼狀態。讓他一會兒以為我順風而倒，一下子又認為我隨波逐流，摸不著頭緒，不知所措的他便立馬逃走了。

以上是〈應帝王〉中「虛以委蛇」原文對焦的語譯對應。但要瞭解故事原型，則須從寓言的源頭對話開始說起，以便更為清楚的掌握其文意要旨。

鄭國有一位善於看相的神巫，名叫季咸。他能夠占出人的死生、存亡、禍福、壽夭，所預言卜算出的年月日，精確如神，因此鄭國人見著他都害怕的紛紛走避。列子見到他卻是心生崇拜，並回去告訴他的老師壺子說：原先我以為老師的道術是最為高深莫測的了，可現在竟出現了比老師更為了不起的人了呢。壺子聽後答覆道：我是教過你表面的功夫，可還沒跟你言及深入真實的道，你就真的自以為明白一切功夫的要理了嗎？你想呀！沒有雄鳥的雌鳥，還能夠產卵嗎？倘若你僅是想要運用那些一知半解、虛有其表的檯面功夫和外人打交道，以期獲取他人的信任，如此一來，什麼想法都藏匿不住的外露於臉上，便是讓人有機可乘的來窺測到你的心思，運算出你的命運。要不，你不妨試著請他來這裡替我看看相。

隔天，列子帶著季咸來見老師壺子。看罷，季咸語重心長的對著列子說道：我看著你的老師不僅氣色不正常，呼吸也像是濕灰般的沉重。唉！你的老師不出十日，將永隔於人世，請你好自為之，節哀順變吧！列子聽後，進入屋內，哭得唏哩嘩啦的沾濕了衣襟。壺子聽罷了列子傷心的陳述，便告訴列子說：剛剛我給他看的是地象，那是一種像大地一樣恆止不動的陰靜狀態，想來他是看出我將賴以生存的活絡生機給閉塞不通了。想當然爾，他當然會認為我肯定活不久了。嗯，再請他來看一看吧！

第二天，列子又將季咸給請了過來。季咸見了壺子之後，對著列子說道：太好了，還好你老師有幸遇見了我。我瞧見他那閉塞不通的活絡生機開始活動運行了，恭喜恭喜！這下得救了。列子進屋將季咸的話轉告給老師聽，壺子聽後說道：方才我所給他看的是天壤，也就是天地相通之象，因為名實都不存乎於心，於是由腳至身，生機蓬勃，全然湧現，也難怪他會說我這下肯定得救了。快，明日再請他來看看。

第三天，列子又帶了季咸過來，看過了壺子之後，出去對列子說：你的老師今日因精神恍惚而動靜不定，使我無法好好的來替他看相，待等他平靜下來，我才能夠好好的來察言觀色。列子再度將其對話轉述與壺子聽。壺子回答道：剛剛我所給他看的是太虛無跡之象。他應該是看見我狀似神情平衡的生機，就好似每個人都有著像深淵一樣的自我。鯨魚盤旋之處形成了深淵，止水之處形成了深淵，流水之處形成了深淵。即杜德機，靜止不動之水；善德機，流動之水；以及衡氣機，既是靜止，又流動，且在原地打轉的水。深淵形成有九，所謂的真人不露相，在九之中我也僅顯示了三種狀態呢。嗯，再去將他請來看我。

到了第四天，季咸又來見壺子，都還未站定，季咸竟嚇得奪門而出、逃之夭夭了。壺子連忙叫列子速速將他追回來，列子追了出去，發現季咸早已是不見蹤影了。回來告知老師壺子，季咸根本不知去向了。壺子這才說道：剛剛我所給他看的是全然不離本源的狀態。我以其無所執著之心境空虛，來與之隨物變化，使得看盡天下人之相的他，完全不能掌握我究竟是誰。一會兒以為我順風而倒，一下子又認為我隨波逐流，無相可相，又如影隨形地黏在季咸身邊。正因如此，才把他嚇得落荒而逃啊！

經過了這一事件，列子幡然醒悟到原來自己根本就沒能夠學會真正功夫的道理，於是便告辭返家，閉門三年不外出。期間幫忙他的妻子燒柴煮飯，餵豬亦像是在伺候個人一樣的。對於人間事物毫無所感，拋擲掉從前金玉其外的雕琢文飾，回歸到自然素樸，超然獨立於塵世，於紛擾糾結的人間世中，守住了難能可貴的天真本性，體悟無的實踐，一生皆然。

相由心生，只要心中有所求所貪，再怎麼刻意偽裝，還是能從外在呈現的相中窺出一二，藏都藏不住的。大名鼎鼎的命理界大師季咸，總能在固定經驗知識的積累印證中，有效把握住世人之「相」，得以預知吉凶禍福。比如說在寓言中的壺子，剛開始是先示之以死，杜德機，生機的關閉；再示之以生，善者機，生機的彰顯；接著又示之以不生不死，衡氣機。對於經年累月、行之有年，執著於萬物固定面相的季咸而言，憑藉世俗的專業知識予以鐵口直斷，根本小菜一碟。可到了最後，體道的壺子示之以「未始出吾宗」，在似真似幻、毫無氣跡之真人不露相的變換莫測中，僅靠著一招半式闖蕩江湖的季咸術士，根本是參不透也看不懂，來不及立定，便給驚嚇得落荒而逃了。於是，道與術的人生擂臺，便由此而得以見其真章。

法國作家紀德在《地糧》中寫道：「別希求在固定的地方找到神。」道體的生成作用有著無限的可能，人亦處在變動不居的活潑紛呈之中。僅由外在事物作為認知判斷，即便季咸聲名遠播，惜知偏而不知全，知僵而不知化，知隔而不知通的結果，又如何能夠得以掌握變換無常的大千之境呢。

道的無穹高、無底深、無垠廣、無盡遠，讓生命豐富而充滿著所有可能變化及不可測的能動性。這個世界沒有什麼是能夠預測的，唯一能夠預測的便是不測，如壺子跟季咸虛與委蛇，讓季咸感到難以捉摸後，便嚇得落荒而逃。其中「吾與之虛與委蛇」的意思是心境空虛寂靜，無所執著而隨物變化。成語「虛與委蛇」便是源出於此。不過，時至今日，《莊子・應帝王》中「心境空虛寂靜，隨物變化」的「虛與委蛇」，已被用來「形容一個人對別人虛情假意、敷衍應酬，根本缺乏真心誠意對待。」而和「虛與委蛇」的初衷原貌，全然不同了呢。

3. 存在處境的當下揮灑

精神主旨

游心於淡，合氣於漠，
順物自然而無容私焉，而天下治矣。

性情要淡，心無罣礙；精神要清，逍遙無為。非淡泊無以明志，非寧靜無以致遠。處於紅塵俗世，順從客觀規律，乘物遊心，神遊物外。不專斷作為，勿擅用巧術，如此一來，於修養中游心調心，於無我中順物應物，則天下自然便能治理好了。

君子豹變，小人革面；征凶，居貞吉。

這是《周易》革卦中的第六爻的爻辭。意思是說道德高尚的人，變化如豹；道德低下的人，善變面孔。征伐有其兇險，安定則持吉利。從卦象來看，上六是處於革卦的最頂端，陰爻居柔位，得正。又與九五親比，表示君子能順從改革大勢，擁護改革主張。君主唯有順任自然，居守其正，不流入人云亦云的邪門歪道之境，隨著變革的深入強化，阻礙難關亦會與之增加，唯堅持到底，守住本我，方能在平常心是道中，保全吉祥平安。

事物的因緣雖有變化，然其完成改變經常是取決於自身狀態。讓重要性在你自己的遊心於淡，合氣於漠之中，而非在所看到花花世界的表象事態上。不隨外界起舞，內心的不生波瀾、不動如山的修養功夫，更是體現物我平衡的關鍵角色。無心而為，用心若鏡，不必然而然的天人相合、彼我不傷，見證了平常心是道，終不至於惶惶不安的紛擾塵世中，隨物遊離牽動而放失了自己。

有人問余光中：「李敖天天找你麻煩，你卻從不回應，日常照舊，這是為什麼呢？」余光中沉吟片刻，微笑答道：「天天罵我，說明他的日常生活不能沒有我；而我的不理不睬，證明我的生活日常能夠沒有他。」

心態不穩，修道不高，容易表情急切，讓人看穿，遭人利用。唯在紛紜萬緒的事態中，以其立身天地的道境做為依歸，才能在為道日損、損之又損，以至於無為，以至於虛與委蛇中回返內心的素樸初衷。由壺子之真道與季咸的假相觀之，從開始的示之以「地文」生機全無「靜止」的「杜德機」相，接著示之以「天壤」生機湧現「流動」的「善德機」相，再到示之以「太沖莫勝」難判徵兆「靜動不定」的「衡氣機」相。到了最後，再示之以「未始出吾宗」深藏不露「坐忘心齋」的「虛以委蛇」相，展現了壺子以道體運作生發的無限變化及種種的可能性。

所謂的真人不露相，露相非真人。挫折歷練經驗少，雞毛蒜皮皆煩惱，才會求神問卜，才需消災解厄。反之，精神飽滿，心靈豐碩，道境昂揚，隨順自然，便能像不顯山露水的壺子一樣，不輕易被其看破手腳，也不會有著季咸落得自失而走、倉皇而逃的下場了。

反思討論

烏鴉若想出類拔萃，不是讓自己變白，
而是要讓自己變得更黑、更黑純、更黑亮。

知人者智，自知者明；勝人者有力，自勝者強。

《道德經・三十三章》

能夠瞭知別人，這叫做智慧；能認知自己；才算得上聰明。能夠戰勝別人的人，是有其力量的；可以戰勝自己的人，才算得上是真強大。然而在這詭譎多變的大千世界中，誰又能夠輕易的將自我交付他者，讓那貌似無所不能的他者，來對其自我趨吉避凶，護我安適無虞呢。

日本有句諺語說道：「一隻烏鴉若想出類拔萃，不是讓自己變白，而是要讓自己變得更黑、更黑純、更黑亮。」

拋擲雕砌，還以本色。以簡單隨順的自然方式，存在處境的當下揮灑，來開啟自我生命的湧動，見證自我自然的隨順能量。超然物外的深度價值，因本色而得以出類拔萃。

虛以委蛇中的季咸，究竟是他的超神准還是我們低膚淺？喜怒哀樂若是高高揚在臉上，還用得著擔心他者會算不出來嗎？更何況是號稱神巫的季咸呢？道行高深的人，隨順自然，變化無方。當壺子不疾不徐的說道：「方才我所顯示給季咸看的是完全不離大道本源的狀態。我以其心境空虛寂靜，隨物變化來依順著他，使他不能知曉我究竟是誰，屬於什麼狀態。讓他一會兒以為我順風而倒，一下子又認為我隨波逐流，摸不著頭緒而不知所措的他，便踉踉蹌蹌的立馬逃逸無蹤了。」到了最後，也難怪列子會因此而幡然醒悟，原來自己根本就沒能學會真正功夫的道理。告辭返家、閉門不出；燒柴煮飯、餵豬伺候。拋擲以往金玉其外的雕琢文飾，回歸自然於素樸，超然獨立於塵世，於紛擾糾結的人間世中，守住了難能可貴的天真本性，體悟到了無的實踐，一生皆然。

平常心是道，便是還以顏色的自然本色。當示相與識相的天機，被收攝在隱而不彰的神秘面紗中，與其和使民決疑，定猶與也的卜筮者並肩迷惘同行，還不如來個未雨綢繆，增進修道的完善自我。讓存在處境的每一當下，即便屢屢彰顯示相的各種限定，也抵擋不住年歲分秒，揮灑生命無限可能的價值與美好。

唱和呼應

♪改編自兒歌〈青春舞曲〉

太陽下山明早依舊爬上來，
花兒謝了明天還是一樣的開，
美麗小鳥飛去無影蹤，
我的青春小鳥一樣不回來，
我的青春小鳥一樣不回來，
別的那呀呦　別的那呀呦，
我的青春小鳥一樣不回來。

♪改編後

壺子應對季咸，四見而四變，
地文杜德機，天壤善者機，虛而委蛇，
太沖莫勝衡氣機，未始出吾宗，
虛而委蛇，心境虛靜，隨物變化，
虛而委蛇，心境虛靜，隨物變化，
虛與委蛇，當今的用法，
虛情假意，缺乏誠心，敷衍應酬。

第十四章　相濡以沫

1. 離別是相聚，咫尺是天涯

故事引導：靜觀萬物的自得從容

閑來無事不從容，睡覺東窗日已紅；
萬物靜觀皆自得，四時佳興與人同。
道通天地有形外，思入風雲變態中；
富貴不淫貧賤樂，男兒到此是豪雄。

宋・程顥〈秋日偶成〉

淡泊悠閒，與世無爭的慵懶心境，便沒有什麼事情是不能夠從容自在的。一覺醒來，總見東邊的窗子透著紅光，早被高掛的日頭照得一片通亮了。在恬靜中觀看萬物樣貌，便能夠體現自然的妙趣。春夏秋冬的四季遞嬗，與之人們在變化中饒富興味的心領神會，而有其異曲同工之妙。

真正的妙道玄境，既內在又超越的存乎天地之間。五花八門的思緒，隨著風雲變化的動態，而貫穿於瞬息萬變的無有之中。倘若在富貴之時能夠克己復禮，而不驕奢淫逸；窮賤之時能夠安貧樂道，而不怨天尤人。如此一來的「貧而樂道」，如此二來的「富貴不能淫」，便稱得上是英雄豪傑了。又何必苦苦以其庸俗世態所認定的成王敗寇，來作為個人得失損益的論斷標準呢。

這是北宋理學家程顥所作的〈秋日偶成〉。程顥資性過人，修養有道、溫和純淨，學生稱與師程顥近處，時有如沐春風之感。〈秋日偶成〉，顧名思義，這首詩當是於秋天的偶然興作中完成的。生年不滿百，何苦千歲憂，細讀品味便能覺出程顥心境悠閒的悟道態度。

一沙一世界，一花一天堂；雙手握無限，剎那是永恆。萬物靜觀皆自得，以平靜寬容的心態來欣賞萬物，將會發現萬物無一不具特色，各有其無所不在的道化妙境，各自彰顯其存在的價值意義。如此一來，心隨境轉，便會在生活中發現美好，進而體現美好，到了最後，亦將是各自美好。

閑來無事不從容，看似閒情逸致，實是忘的功夫。人生不易活著易，活出品質太不易。生活中不僅僅是柴米油鹽醬醋茶的餬口大事，家庭、工作、理想、親情、友情、愛情等等現實問題的不斷叩門纏繞，迎面撲來的茫、盲、忙，茫的不知所措，盲的失去自我，忙的心力交瘁，茫、盲、忙的不信紅塵之中還能擁有歸鄉之人。因此，欲歸零放下，想重拾快樂，必須在忘的哲學中微笑。忘掉所處的現實罣礙，驀然回首，才能於秋日偶成的閒靜中，撞見生命的安然恬適。

故事引導：與你無關的所有有關

我愛你，但與你無關。
就好比我是修羅王，卻沒能拯救世界。
三山摧裂、四海枯竭，
我惟有站在恆河的日暮前，
祈求你的重生。

我愛你，但與你無關。
即使我站在恆河的日暮前，祈求著你的重生，
哪怕我將因此被剝奪我，權力的寶劍。
我違背著神的旨意，為的是要你遊弋的靈魂，
回歸著無辜的肉體，
哪怕註定我只能將你深埋心底。

彷彿不曾擁有，彷彿完全失去，
但一切早已與你無關。
我看著滑落的流星雨，總以為那是曼陀羅哭泣的眼睛。

我愛你，但與你無關。
生死相契總是意味著，被詛咒的相遇和分離，
沒必要允許你，在三千弱水的盈盈中，
看我作天堂與地獄的舍取。
我無法改變我前世的懦弱，
恐怕今生也沒有勇氣，
即使我深深地愛著你，
從苦難到歡愉，
從異次元到寒武紀。

即使我愛你，沉默得像個影子，
那也與你無關。
我只是在複寫我多情的憂思，
我只是在感傷我如初的真摯。

我愛你，與你無關。
即使是夜晚無盡的思念，也只屬於我自己，

不會帶到天明，也許它只能存在於黑暗。

我愛你，與你無關。
就算我此刻站在你的身邊，依然背著我的雙眼，
不想讓你看見，就讓它只隱藏在風後面。

我愛你，與你無關。
那為什麼我記不起你的笑臉，
卻無限地看見，你的心煩，
就在我來到的時候綻放。

我愛你，與你無關。
思念熬不到天明，所以我選擇睡去，
在夢中再一次的見到你。

我愛你，與你無關。
渴望藏不住眼光，於是我躲開，
不要你看見我心慌。

我愛你，與你無關。
真的啊，它只屬於我的心，
只要你能幸福，
我的悲傷，
你不需要管。

「我愛你，但那與你無關。」這是德國文豪歌德對於愛情的解讀。未曾哭過長夜的人，不足以悟語人生。人生於世，哪一樣情感不是歷經千瘡百孔，卻又不一定能得以圓滿落幕。不過，一旦你愛上了一個人，你也就等於找到了屬於你自己的神。為什麼這麼說呢？因為愛一個人，可以以愛之名，能夠無怨無悔，願意不求回報而全神貫注的付出，不正像是神愛世人般那樣的自然純粹嗎。即便讓人質疑的是：不覺得愛是一件如此困難的事嗎？愛上一個人哪，那就是愛呀！是一件專屬於我自己獨有的事，何難之有？難就難在於你期望對方也必須愛你，希望自己的付出有所回報。因為愛不愛你，回不回報，始終是別人的事，難在無法是自己。因此，如若我愛的人也愛著我，便是置身天堂之境，找到了屬於自己的神，並擁有了神的祝福。

比起同在困境裡的「相呴以濕」，以其微薄力量相互取暖幫助的「相濡以沫」。「我愛你，但那與你無關。」相較之下的愛戀，便顯得卑微，是低到塵埃裡，是相忘於江湖，是爾後即使在與你無關的平行世界裡，仍能在因無私付出的心底，而盛開出一朵璀璨溫暖的道境之花。每一個不曾起舞的日子，都是對生命的一種大大的辜負。因此，唯有懂得愛的人，才明白不求回報的守候依戀；唯有願意愛的人，才知道內在力量的堅毅強大。

「我愛你，但那與你無關。」即是「我愛你，即使你不愛我。」歸根結底，能傾其所有的專注愛你，卻不計較對方是否能以同等付出，來做為回報的人，心中肯定是住著無比強大的能量。因此，在殷勤關懷的奉獻中，體會互動存在的價值光芒；在不打擾的守護裡，瞭解退後空間的有容成全。

我愛你，但那與你無關，全是源於我愛你。於是，因為愛而必須忘了愛，就連「忘了愛」這三個字也必須得忘掉。而到了最後，終於，我不再愛你了；終於，相忘於江湖了。我愛你，終於，終於與你無關。

2.相忘於江湖，相忘於道境

原文對焦

死生，命也；其有夜旦之常，天也。人之有所不得與，皆物之情也。彼特以天為父，而身猶愛之，而況其卓乎！人特以有君為愈乎己，而身猶死之，而況其真乎！泉涸，魚相與處於陸，相呴以濕，相濡以沫，不如相忘於江湖。與其譽堯而非桀也，不如兩忘而化其道。

《莊子・大宗師》

呴：慢慢呼氣，吐口水、吐沫。

濡：沾溼；沾上。

語譯對應

什麼時候生？哪個時間死？原本就是逃無所逃的命中註定，就如同白天黑夜日復一日的交替一般，是屬於自然的規律現象。很多事情是人所無能為力亦無法干預企及的，這也正是萬物本來的實際面貌。人們認為自然就是生命之父，便終其一生的敬愛它、景仰它，更何況是那卓然超絕的道境呢？人們認為君主的權勢地位早已超越了自己，比自己高貴，而情願捨棄性命來效忠他，更何況是那真實無比的道境呢？

江湖的泉水乾涸了，幾條魚一起被困在陸地上，因為缺乏生存的空間，所以必須用溼氣相互滋潤對方，用唾沫相互沾溼對方，以求延續其脆弱的生命。可其實牠們原本並不需要如此的，因為牠們本是生存在浩瀚無際的汪洋之中。與其因困而必須以溼氣相互滋潤對方，用唾沫相互沾溼對方，也就是處在最不適宜、最為危殆境地，迫不得已的必須相互牽掛，相互憐憫的時候，那還倒不如在這人間江湖中忘卻對方，以求得彼此的各自安好。

與其稱頌讚美堯的偉大崇高而來批判譴責桀的暴行虐政，還不如將人世間巧立名相的是非恩怨兩兩相忘，拋擲僵化窠臼的標準價值觀念，而一同融入於自然無為的道境妙況之中。

魚兒魚兒水中游，看見前面一線鉤；鉤上食味美，看得垂涎流；小魚兒別上鉤，貪圖享受失自由。

魚兒魚兒水中游，游來遊去樂悠悠；倦了臥水草，餓了覓小蟲；樂悠悠樂悠悠，水晶世界任自由。

魚兒魚兒水中游，游來游去真快樂。不為物喜，不為己憂；純任自然，天地逍遙。拋掉外在所有纞棧的執著誘惑，自由在我，倦餓由己，這種隨順自適的真樸，便是最為和諧的同在關係。魚之於水，舒適程度是絕對無法用其和其他魚兒的「相呴以濕，相濡以沫」之境遇來作為比擬的。因為就魚的秉性而言，泉涸必定是意味著魚的瀕臨死亡。看似溫馨感人的兩條魚兒，在乾涸的土地上互相吐口水的「相呴以濕，相濡以沫」，但繼續下去終不免是徒勞無功，而淪為殘酷的現實磨難與擺脫不了的死亡命運。於是，忘掉了享樂的有，忘卻了不得的無，有無苦樂，通通去掉。徜徉在赤裸裸的水晶世界裡，又何患無法自由自在的任意悠悠呢。

在〈大宗師〉的相濡以沫中，莊子其實是以其「魚」來比喻為「人」，說明了人在危殆之中雖然可以彰顯仁義的精神而來與之甘苦與共，能夠高舉著患難見真情的肺腑情摯。但相知相惜的這般高尚節操出現的先決要件，必定是因為先有了亂世，發生了災難，在歷經百轉千回的垂死掙扎之後，為求自救自保，才得以釋出善意並相互成全，以期相安無事。意思是說，當每個人能夠自在自足地徜徉於自我的幸福天地裡，又何需與他人來段刻骨銘心的相遇，又何必與他人來場生死與共的相契呢！換言之，當每條魚能在彼此互不相識的自然狀態下安安穩穩地生活，悠遊自得的投身在魚處境的江湖中，找到了安身立命的快意確幸，又何須要與眾魚兒們，沒來由的上演著難分難舍及垂死前掙扎之相互依傍、頻灑狗血的催淚大戲呢。

尤有進者，無論是水中之魚還是人類之間，能付出的仁義情愛畢竟是有限的，以有限的仁義情愛要來填補填滿存在無限的生命處境，猶如杯水車薪、緩不濟急般的令人啼笑皆非。更何況當這個世界已是亟需運用仁義情愛來彰顯人性價值時，說明了存在處境早已是佈滿了世道艱險、人心惟危的荊棘呀！

> 魚相造乎水，人相造乎道。相造乎水者，穿池而養給；相造乎道者，無事而生定。故曰：魚相忘乎江湖，人相忘乎道術。

魚仰賴著水，所以在池水中舒暢；人倚仗著道，所以在道境中自得。適宜池水中的，在池中悠游就能安適自足了；自得於道境的，在無紛擾中便能安定自適了。所以才說：魚悠遊於江湖之中，便能忘記一切而得以自在快樂；人悠遊於道境之中，亦能忘記一切而得以快樂自在。

靠水的魚，掘塘養殖就活得自得適宜了。倚道的人，平安無為就活得心滿意足了。無論是活得自得適宜亦或是活得心滿意足，只要彼此之間的接觸不多，甚至是陌生到不知近況的各自為安為好，便是合乎「魚相忘於江湖，人相忘於道術。」莊子認為人的死生存亡，猶如氣的聚散，是那樣的自然純粹。而面對人間錯綜複雜的千姿百態，若是有了自我構築的設限，林林總總主觀的評價標準，譬堯非桀的彼此對立、批判爭鬥、糾纏不休，便是掉入了「相呴以濕，相濡以沫」的困局裡。是故，與其在人世間中沸沸揚揚，執拗於是非對錯、悲喜禍福、善惡黑白、忠孝禮義等等層層道德枷鎖，如同看似相互擁抱成全，實是與身處乾涸窘境，待等死亡的魚是一樣的。倒不如選擇提升自己的生命高度，完善自我的生活場域，不如各自精采，不如相忘於江湖。

江湖便是道，相忘於江湖，必是天下太平。「道不可須臾離也」，意思是說道沒有離開人，是人自己離開了道。「可離者非道也」，道沒有　那離開我們，所以孜孜念念的道，因為修道才得來的道，那就不是真正的道了。而所謂的相忘二字，並非互不認識，而是不相照應。日月共消長，死生難久長，昨是今非皆相忘，心開人間皆風光。超越自我、超越限制，忘卻彼此存在，忘卻水的存在，忘卻道的存在。忘記了對方，忘記了自己，回歸到自然璞真、自由自在的境界。惟有在此中有真意之中，才能和妙道與之契合；只有在欲辯已忘言之中，才是真與妙道為之同化。

《莊子‧大宗師》：「泉涸，魚相與處於陸，相呴以濕，相濡以沫，不如相忘於江湖。」其中的「相濡以沫」，原要表達的是「相濡以沫」倒不如在江湖水中各自遊走，相互忘去的「相忘江湖」。因為當魚兒們需要用口沫相互潤濕以維繫生命時，便是情況危急，大事不妙。這是莊子運用魚的處境變化來說明「相濡以沫」的這個道理，也就是在困境中的魚為求生存，互相用口中的水沫沾濕對方的身體。不過，時至今日，「相濡以沫」一詞，已被用來指夫妻感情或是用於朋友之間，比喻同在困難的處境裡，用以微薄的力量來互相幫助，因而更加顯得濃情蜜意、情真意切了呢。

3. 以無為之道，還無為之身

精神主旨

大道廢，有仁義；智慧出，有大偽。
六親不和，有孝慈；國家昏亂，有忠臣。

《道德經・第十八章》

自然之治的大道被廢棄了，才有提倡仁義、提供治道的需要。以其仁義之名，建立了一套相互期勉、互相謀利的價值觀。大道本是亙古長存、恆久不變的。卻因人為的有心造作，反而變相衍生而出的假仁假義與不仁不義。為求爭奇鬥妍從而虛偽不實，使得聰明智巧的亂象出現了，使得偽詐權變因而更加盛行了。仁義彰顯卻使得大道盡失，智巧展現卻使得真實遮蔽，使得人在有為、有心、有執之中而悖離了大道。使得父子、兄弟、夫婦，家庭中的六親出現了糾紛之後，才能顯示出孝慈；使得國家陷於混亂之際，方能識見出忠臣。

生於憂患，死於安樂。其意義是要我們去反思問題源頭，在有仁義彰顯及智慧出現之時，便是用來警覺我們，大道可能被揚棄的失落，偽詐可能更猖獗的虛假。在有孝慈彰顯及忠臣頻現之時，便是用來警惕我們，六親可能因破裂而不和，國家可能遭昏亂而危殆。

國富民安之時，人情反顯自掃門前雪般的事不關己；禍殃降臨之日，人情反顯共體時艱般的自發真誠。就像「泉涸，魚相與處於陸，相呴以濕，相濡以沫」一樣。泉水乾涸了，幾條魚一起困在陸地上，因為缺乏生存自救的活命空間，所以必須用以濕氣相互滋潤對方，用以唾沫相互沾濕對方，以求延續其脆弱的生命假象。而當人與人之間必須用以彰顯仁義的精神來相互救助的時候，可想可想而知呀，這樣的世界該是有多崩壞，當下的世道該是有多糟糕啊！

「沒有消息便是好消息，沒有新聞就是好新聞。」荷蘭哲學家史賓諾莎言道：「自由是對於必然性的一種體認。」先體認到生命將因成長而必然性的受到各種有形無形的桎梏束縛著，在層層囹圄的包裹中，在一一羅網的脫困下，理解、克服、接受以及改變後去偽存真的無為體認，才能是自由的範疇。仁義、智慧、孝慈、忠臣，原本就是最真實虛靜、最自然素樸的情性。一旦刻意標榜以「有為」的旗幟，高舉著生命之姿的美好，張揚著父君之威的崇高，慰藉著生存之境的可貴，倒不如反求諸己之本能，以其無為之道，還至無為之身，還以無為的真實本色風貌。

人與人之間的互動往來，沒有名份依傍的念想欲求，不帶利害關係的自然純粹。「相呴以濕，相濡以沫，不如相忘於江湖。與其譽堯而非桀也，不如兩忘而化其道。」一如無垠廣闊的汪洋裡，各自悠遊，彼此相忘，誰也別是誰的桎梏，誰都不是誰的負累。與其稱讚堯而責難桀，還不如打破被各種有為造作的框架，打破被蓄意營造出來的存在價值。不如以無為之道化解存在對立，不如兩忘而化其道，解消世俗假象，相忘彼此於江湖呀。

反思討論

「面對它、接受它、處理它、放下它。」算得上是在「相呴以濕，相濡以沫」中，「相忘於江湖」的功夫態度嗎？

福無雙至，禍不單行。人生不如意十之八九，生活中經常成全且不求回報的經歷便是「難關」了。所謂的關關難過關關過，只要是個動態的、活潑的、變化的、與時俱進的豐富多樣的人，便會在百轉千回的奮進中，瓦解一成不變的日常。勵志電影的主角，扮演的便是現實中的自己，無論樂觀悲觀、有關無關，都得加足能量勇敢闖關。輕鬆過關，便是熱情昂揚待進一關；難關卡關，就得重振旗鼓再續一關。

即便是在「相呴以濕」徒勞中的同舟共濟，又或是「相濡以沫」無功中的患難與共。面對在諸多經驗淬煉的自我調適，踽踽涼涼難語的辛酸心關，總是拿下最孤獨難越的心情風景。相對於處理棘手的逆境風暴，聖嚴法師便曾說道：面對它、接受它、處理它、放下它。

所謂的「面對它」，即是不推諉卸責的去正視它，不怨天尤人的來改善它，才算得上是知己知彼、迎難而上的處事態度。然而當面對難關的下一步驟便是要能「接受它」。接受日常的遭遇、接受生活的意外、接受生命的安排，接受所遭受方方面面的不完美。有了面對接受的恆定心念後，再來便要運用智慧，從容有度的「處理它」。人事時地物的碰撞考驗，皆有其因緣合和的遇投契機。輕重緩急、過猶不及的態度，攸關成敗輸贏。盡其人事，亦須聽其天命。「放下它」，正是人間道上修行，最上乘的智慧妙境。慈悲沒有敵人，智慧不起煩惱。所謂的「真空生妙有」，意思是說凡事若是空不了的，你也是有不了的。因此，放下，才是真正存在的開端。

放下它，不管是舊愛新歡；放下它，無論成敗對錯；放下它，莫管貴賤窮達；放下它，即使悲歡離合。該吃飯時吃飯，該睡覺時睡覺，該放下相忘的，就相忘於彼此，放下自己，放下他者，相忘於江湖。最後，連「放下它」這三個字也不記得了，就連「相忘於江湖」也都給忘了。

有水，魚才會舒適；有道，人才會曠達。魚因為在水中悠游自在而忘卻了自己在水裡一事，人則因為在自然適意逍遙而忘卻了自己處在道境之中。可如今人心裝滿了各種天馬行空的欲求念想，馳騁競逐於功名利祿，便忘了處在自然美好的道境之中。任由貪嗔癡造作念想的撕裂拉扯，而無片刻的自在安寧。所以要打通人為障蔽，超越障蔽，讓道自自然然地像呼吸般的融入生命一樣的重要，卻又讓其相忘而化其道，使其相忘於江湖啊！

忘了自已想得的，忘了自已不得的，忘掉一切是非，忘懷一切得失，面對它、接受它、處理它、放下它。高善情操的相忘，赤子情懷的相忘。江湖、江湖，人之於江湖，不計較於江湖，不干擾於江湖，在超越生死是非的大道上，一別兩寬，各生歡喜，各自安好。便正是時候忘江湖。

唱和呼應

♪改編自兒歌〈魚兒水中游〉

魚兒魚兒水中游，
游來游去樂悠悠，
倦了臥水草，
餓了覓小蟲，
樂悠悠樂悠悠，
水晶世界任自由。

♪改編後

泉涸魚相與處於陸，
相呴以濕，相濡以沫，
不如相忘江湖，
譽堯而非桀，
不如兩忘化其道，
不如兩忘化其道。

第十五章　人故無情

1. 無情總被多情惱

故事引導：桀驁自是有情癡

阮籍當葬母，蒸一肥豚，飲酒二斗，然後臨訣，直言「窮矣」！都得一號，因吐血，廢頓良久。

《世說・任誕第二十三》

阮籍（西元二一〇－二六三年），字嗣宗，陳留（今河南）尉氏人，曾任步兵校尉，世稱阮步兵。其父阮瑀，為曹操文吏，是著名的建安七子之一。而阮籍則是魏晉時期的竹林七賢之一，中國歷代士人尊崇魏晉風度的代表人物。傲然獨得，任性不羈，志氣宏放，多才多藝，嗜酒能嘯，雅好音樂。博覽群籍，尤好《老》《莊》，著作有《阮步兵集》傳世。

阮籍三歲喪父，由母親撫養長大。父死家貧，侍母至孝，倚靠勤學得以成才。

某日，與友人下棋，突傳母親去世噩耗。友人聽聞，臉色大沉，急忙吆喚著阮籍速速返家奔喪。怎料阮籍竟一副從容淡定、神色自若地觀看棋盤，儼然事不關己的模樣，並堅持繼續下棋，非得分出輸贏勝負，方能結束棋局。

在為母守孝服喪期間，放縱啖肉，無度飲酒，在當時可是悖俗違禮的不孝行為。由於他向來排斥虛偽的禮法，蔑視傳統的規範，對於前來弔唁的親友，也從不以其該有的禮數回應。放浪形骸，超出世人想像。後來，母親下葬當日，阮籍吃了一隻蒸熟的小豬，暢飲了兩斗酒。直到與母親作了最後的訣別，這才開始放聲的嚎啕大哭，哭到肝腸寸斷，哭到吐血昏厥，身心受到重大的損傷，差點賠上了性命。

魏晉時期是中國歷史上著名的亂世。戰火連綿，政局動盪，天災盛行，現實充滿著苦難。阮籍空有一身的才華與無法得以施展的濟世之志，故只能鎮日作文賦詩，飲酒撫琴。對生命無感，對生活麻木，藉此度過離災避禍的慘澹人生。

母親去世，對一個孝子阮籍而言，其實是難以名狀的悲痛欲絕。但卻強作無情，拒絕傳統禮法的守齋孝道，天天照舊吃喝。表面上看似離經叛道，驚世駭俗的種種無情，卻無法掩蓋他內心深情的痛楚，越是裝模作樣，越是撕心裂肺。因為母親一死，生命重心的意義已然消逝，孝無可孝，忠無可忠。到了母親出殯之日，昊天罔極的深恩，無邊悲痛的肆虐，吐血數升的真情，終於捅破了無情背後深情哀慟的事實真相。

歷史時代的悲涼，不能言說的苦楚。「終身履薄冰，誰知我心焦。」道盡了阮籍在面對驚駭恐怖的世道艱顯，不得不然的佯狂無情，以求自保自全；在動輒得咎的分崩亂世，不得不然的深埋有情，以求抽身隱遁。

桀驁自是有情癡，看似無情最深情。

故事引導：自恐多情損梵行

長亭外，古道邊，芳草碧連天。
晚風拂柳笛聲殘，夕陽山外山。
天之涯，地之角，知交半零落。
一壺濁酒盡餘歡，今宵別夢寒。

李叔同《送別》

長亭郊外的古道旁邊，芳草萋萋，鬱鬱蔥蔥的青翠，一路綿延到無際的天邊。到了臨別時刻，晚風輕拂著細柳，笛聲跟著鳴放出斷續稀落的哀愁。遙望遠方的落日餘暉，斜陽依依，也在阻隔相連的青山疊映中逐漸隱沒。久不相見的知己與故友，如今早已是各奔天涯，無從尋覓。即將各奔東西的我們，都請喝下這壺離別的酒吧！渾濁的陳酒也許不盡清澈，卻是能夠道盡彼此曾經相知相惜、相濡以沫的歡樂。離別之後的夢裡，斷腸愁思的夜裡，又豈能不感到絲絲的寂寥與無限的寒意呢。

這首由李叔同所填詞的《送別》，早已成為中國人驪歌傳唱的不二經典。表面看似送別友人，實則是送別了自己，了卻了過往的人生，了斷了一段塵緣。

李叔同（一八八〇－一九四二年），祖籍浙江平湖，生於天津。風度翩翩、才華洋溢，在詩詞、繪畫、音樂方面皆有卓越的成就，亦於數所名校任教。三十九歲時，在西湖虎跑的定慧寺中，梵音響起，落髮為僧，一念放下，萬般從容。從此世間再無李叔同，唯有弘一皈依佛。

突如其來的出家轉變，讓遠在上海聞訊後的日籍妻子幾近崩潰，匆匆趕赴杭州。可已是出家人的弘一卻避不見面，任憑妻子在寺廟門外哭喊，仍舊不為所動。而以李叔同傳奇一生為故事的電影《一輪明月》中，便安排了弘一法師與其日籍妻子最後一次晤面的對話。

拂曉，薄霧籠罩的西湖，毫無生氣的兩舟緩緩相向。

舟上的妻子輕聲地叫喚一聲：「叔同。」

弘一大師淡默應聲：「請您喚我為弘一法師。」

妻子怵然驚懼的問道：「好的，弘一法師。」「那麼，這位弘一法師，可否請您告訴我，什麼是愛呢？」

弘一大師平靜答道：「愛，就是慈悲。」

聽完弘一大師不帶情感的冷漠回覆，妻子深感撕心裂肺的痛楚，終於忍不住的放聲痛哭並繼續追問：「誠如您所言：愛，就是慈悲。」「既是慈悲對世人，卻又為何獨獨傷我？」

這一次換做弘一大師沉默不語了。他別過頭去，轉身離開，自此告別過往，揮別愛妻，徒留失落的小舟在迷霧裡的湖上幽咽不止。

面對妻子的質問，的確是眾人心中的疑惑。雖說是為了普度眾生而發的慈悲心，可對於銘心愛戀的至親而言，如此地傷害家人而一去不返的出家，又該是情何以堪了呢？

坊間流傳李叔同在出家前，曾經寫信給妻子，告知出家原由。信中說道：多次與你提及，想必你已瞭解我出家是早晚的事了。對你而言，勉強接受失去關係至深之人，這樣的絕望心情我能理解。但你是不平凡的，請吞下這苦酒，然後勇敢的撐下去吧！因為你體內住著不是一個庸俗、怯懦的靈魂。如此決定，非我寡情薄義，而是為了那更永遠、更艱難的佛道歷程。因此我必須放下一切，放下了妳，也放下了塵世所有的一切。人生短暫數十載，大限終究會來，如今不過是將它提前罷了。我們遲早都要分別，願你能早日看破，一切珍重。

對佛道而言，所有的煩惱苦痛，歸根結柢就是放不下。斷愛，便是斷除煩惱的第一步。我念過去萬千劫，於佛燈前拋一切。李叔同不僅放下世俗名利，也放下了親情愛情。當他徹底放下時，也期待妻子能如他一樣地徹底放下，因為他認為妻子「體內住著的並非是個庸俗、怯懦的靈魂。」因而試圖對著妻子做出慈悲的開示。

但要說一個人珍視著親情愛情而無法堪破，便是象徵體內住著一個庸俗、怯懦的靈魂。這樣的說法實在難以稱得上是慈悲，亦非是真能悟道之人。佛家講空，是要空掉那個對自性的執著而已。可自性哪能空得掉呀！它本來就是空的呀！哪需你去空掉它？想要空掉的慈悲，實是未深解佛法。

世間安得雙全法，不負如來不負卿。只有深刻經歷過有情紅塵的人，也才能如此堅決無情的放棄紅塵。

2. 道是無情卻有情

原文對焦

惠子謂莊子曰：「人故無情乎？」

莊子曰：「然。」

惠子曰：「人而無情，何以謂之人？」

莊子曰：「道與之貌，天與之形，惡得不謂之人？」

惠子曰：「既謂之人，惡得無情？」

莊子曰：「是非吾所謂無情也。吾所謂無情者，言人之不以好惡內傷其身，常因自然而不益生也。」

惠子曰：「不益生，何以有其身？」

莊子曰：「道與之貌，天與之形，無以好惡內傷其身。今子外乎子之神，勞乎子之精，倚樹而吟，據槁梧而瞑。天選子之形，子以堅白鳴。」

《莊子‧德充符》

語譯對應

惠子對莊子說：「人本來就是沒有情感的嗎？」莊子回答：「的確是這樣的呀！」惠子說：「一個人倘若沒有了情感，又怎能稱得上是個人呢？」莊子說：「道賦予了人容貌，上天賦予了人形體，既有容貌又有形體，怎麼可能不算是個人呢？」惠子說：「既然已經稱作人，是人的話，又怎麼能夠不帶情感呢？」

莊子回答說：「你所說的不帶情感的無情，並不是我所謂的無情喔。我所謂的無情呀，是說人不應該只憑著自己主觀的好惡之情，來傷害到本有的天真本性。應該順任自然而然的本真狀態，而不隨意增添些什麼，來做為刻意的養生。」惠子說：「不刻意的來做為養生的種種工夫，又憑什麼能夠完善的保全自己的身體呢？」

莊子回答說：「道賦予了人容貌，上天賦予了人形體，可不能因為自己的好惡之情，而來傷害到自我的天真本性。因為自然而然的道境，理當是無所增加附會，既不刻意人為造作，便無所損傷耗神。可如今你卻是放縱了你的心神，耗費了你的精力，不僅倚靠著樹幹，滔滔不絕的高談闊論，還憑依著几案，閉目的假寐。上天賦予了你寶貴的形體，可如今你卻頻頻以『堅白石』與『白馬非馬』的詭辯之學，自鳴得意地到處張狂講演呢！」

道賦予了人容貌，上天賦予了人形體，這是每個人都無可避免的存在生命。至於人有了形體和情感，也是生而為人所無可避免的生命存在。惠子順著人之為人的天性稟賦，對於理所當然的有形有情，予以正常的常人推論：「人而無情，何以謂之人？」按惠子執於名實認知，以為既而為人，則人的生命必然包含了形體與情感，故與所言的「人而無情，何以謂之人？」內容並無扞格之處。可問題來了。既然是作為莊子契友的惠子，又與莊子同是口若懸河、得理不饒人的辯論高手。在《莊子》一書中，兩人早已是你一言我一語，你儂我儂、默契無間的唇舌交戰多章多回。試想：向來就走著語不驚人死不休路線的莊子，又豈能在此章中錯過再度黑化惠子的觀點，藉以拉抬並彰顯莊子自身更勝一籌的思維理論了呢。

究其實，莊子和惠子兩人的知識基礎與思維理路本就大相逕庭。莊子所指的「情」與惠子所論的「情」，本身的立足點就不同。慧黠的莊子白了惠子一眼後，將答覆意境的檔次一下子拉抬的太過高深，抽象的讓兩人觀點幾乎是沒有可較性，因而難以讓惠子體悟其意。換言之，惠子所言的情是外顯於人之形的情，是紅塵俗世七情六欲的情，是喜怒哀樂百味雜陳的情，是生而為人不免被其情緒所左右操縱的情；反觀莊子所謂的情是求之於道境的情，是擺脫世俗紛擾的情，是不被情緒所支配操弄的情，是完善理想人格境界的情。

惡欲喜怒哀樂六者，累德也。

《莊子・庚桑楚》

憎恨，愛欲，欣喜，憤怒，悲哀，快樂，這些情感的六害是屬於人偽的內容，是拖累你所擁有的天賦德性，是附加諸於生命本真之上多餘且不自然的部分，即是本文所謂的「益生」。莊子以為聖人的模樣與世人皆同，聖人亦與世人共生共存。其相異之處即是在於聖人沒有世人所謂的情的牽絆，因此造就了聖人的思想境界高於一般的世人。然而生而為人，人又非聖賢，孰又能無情呢。莊子所謂的無情，並非獨與天地精神往來的將情感全部連根拔除於外，勉人無動於衷的專斷無情，使人成為了絕情寡義的木石頑物。莊子所言的無情，是要人擺脫人為執拗的有所的愛與有所的不愛，拋擲掉偏頗的好惡之情所造成寧靜心田的戕害，不讓人為的造作來為情感妄加增益。要人超脫世間情感，無心於自然而然，提升至道情、天情的思維高度上來論情。如此一來，方能「成就無情的主人」，而非「成為有情的奴隸」。是故，道情、天情沒了愛與不愛的人為桎梏，人故無情之有情，道是無情卻有情，才能因此而得以普及遞進，得以天長地久。

人生在世，即是一段風雨跋涉的艱難歷程。莊子處在那樣一個戰爭頻仍、硝煙不斷的時空背景，首當其衝的便是該如何面對鋪天蓋地的浩劫災難。強虜的橫肆、世事的逆阻，處處可見其情感崩塌的撕心裂肺以及痛苦不堪的生存幻滅。莊子為泯除怵目驚心的生命亂象，認為必須在心轉境轉的情感面相中做出相應之道，才能在斲喪人性的時代桎梏裡，尋求自我枷鎖的解脫突破，從而在道情的無情之中超拔自適，天情的無情之中任意逍遙。因為情是人人天生本具而不假外求的。可如若發之不當，不能善用自己的情感，無法統御自我的情緒，遂將變相淪為情緒勒索的往復中而痛苦滋甚。於是，如何與「情」相處有道，「有情」至「無情」生命昇華的藝術，便成為了人生至關重要的當下課題。

而至於「天選子之形，子以堅白鳴」一語，深諳邏輯推理的莊子，對於名家惠子「堅白石」以及「白馬非馬」的詭辯理論，認為是讓人陷入窮盡詭譎的無謂論證，從而落入了逐外而不反的膠著狀態，造成了形體心靈不斷憂思勞頓。終其目標，僅為關注堅白、同異、大小等的的繳繞之學，卻不斷於生命進程中放失了本固有之的精、氣、神。因此，早已是透徹看穿惠子邏輯陷阱的莊子，才不禁要抨擊道：就算是倚靠著樹幹滔滔不絕的高談闊論，憑藉著几案即閉目的假寐，仍舊是身陷在汲汲營營的碌碌江湖中，而得不到半晌從容的心靈滋養與精神安息啊！

由上可知，莊子所謂的人故無情，即是道是無情卻有情的工夫境界，是立足於人的存在價值問題，是順應天道而化其道的思辯旨趣，是道家既內在又超越的生命向度。如此的人故無情卻有情，而大異於以琦辭善辯為理趣的名家惠子呀！

3. 無情不似多情苦

精神主旨

且夫得者，時也；失者，順也。安時而處順，哀樂不能入也，此古之所謂縣解也，而不能自解者，物有結之。

《莊子・大宗師》

有所得求，需倚賴時機偶然；有所失損，需順應常態變化。無論身處順境逆境，不因有所得取而過度欣喜，不必有所失落而過度悲苦。換言之，保持得失無動於衷的豁達胸襟，不隨莫測無常的世事，讓情緒情感妄自騷動。不哀不樂、無得無失的泰然涵養，哀樂情感便不會趁虛而入的翻騰不休，這也就是古人所說的要化解掉執念，解消掉束縛。反之，對於那些無法自行排遣，無從自我解脫的人，便不免為外物箝制役使，終在繳繞不出的情感中挫敗糾結。

莊子藉由〈德充符〉中的「人故無情」一說，來強調生命不啻是順時而生情、應物而去情的日常。喜怒哀樂，情緒情感，人皆有之。過分放肆感官情感的扭曲，耗竭精氣、害其精神，毀形、喪形、忘形，種種源於形軀我的情緒欲望，因不當錯置而遍體鱗傷。因此，處在當下的常人不應過度執著於官能情感的欲求。心無罣礙，心安理得，得失不動於心，得失了然於心，讓生命回歸到自然簡樸的來路初心，一切遭遇將不會影響初心的平和寧靜。如此一來，「安時處順，哀樂不入」的最高修養境界，便符合了莊子所謂的順應自然之「無情」律則。

有人之形，無人之情。有人之形，故群於人；無人之情，故是非不得於身。眇乎小哉，所以屬於人也；謷乎大哉，獨成其天。

《莊子・德充符》

理想人格的聖人境界，即是雖有常人的形體，卻無常人的情感。有了常人的形體，始能混跡人群而與之共處。一旦了卻了常人受情緒左右的情感，亦因此而擺脫是非紛擾的拉扯，免受情緒的支配控制。說來也真是渺小啊，聖人竟如同常人般的形體容貌；說來可也真夠偉大啊，也正因為如此而得以使他保全了最最自然本真的道化之境啊！為什麼說以渺小言之為常人，而以偉大直指為聖人呢？因為既能與眾人合群共處，又不脫常人的形體容貌，便是老子所說的「和其光，同其塵。」可以為聖人，而聖人又能夠形如凡人，心同聖人，其偉大之處更可與天為友，完善道情天情，成就理想人格的聖人境界。

《中庸》言道：「發而中節謂之和。」情感的發抒，便是要求符合節度，從而化解不當情感的苦神勞精、奔馳好惡而內傷其身，徒淪情感的奴隸，失去理想的生命向度。〈關雎〉：「樂而不淫，哀而不傷。」情感發而中節，快樂不氾濫，悲傷不過度，絕不讓紛擾人心的情識活動反客為主。力主超越有情，通向無情之情。能夠在現實變換中恬然無思，澹然無慮，俾使無情得以保其道情天情的聖人天光。

「是非吾所謂無情也。吾所謂無情者，言人之不以好惡內傷其身，常因自然而不益生也。」莊子所謂的無情並非不帶感情的冷漠麻木，而是說不要因為個人盲目的好惡偏執，而不加節制的放縱情感，從而傷害了自然本真的珍貴寶藏。強調要能隨順自然的變化，不必外在強加的增益享受。天道賦予了人容貌，上天賦予了人形體，既具人形就必須與世俗同生共處，同生共處又不免升起是非好惡之各種駁雜的情緒念頭。如何化解日常的情緒偏執，使得是非好惡不沮傷本真的自然性命。因此，無情不似多情苦，安之若素於有度的無情及有節的有情，才是最為根本的養生之道。安時處順，必先無情，無情之情，方可知其不可奈何而安之若命。虛己無情，喜怒哀樂不入於胸次的無情之境，無去了人心之妄執之情，即是莊子的無情境界。

反思討論

人的情感經常是阻礙常人認清事實的一大障蔽，
可情感又是難以連根拔除的與生俱來。
那麼，人生在世，
究竟該如何因應有情無情的情感困局呢？

人故無情卻有情，多情總被無情惱；無情應曉多情苦，有情無情不相擾。

人故無情卻有情，所謂的無情，並非莫管他人瓦上霜的自私自利，而是要人以理化情，將人情提升到天情、道情之境，不讓主觀人情的好惡造作來蠹傷其身。把持不放的情，粘縛不脫的情，多情總被無情惱，執著無常即苦惱。面對情感的起伏跌宕，無情既知多情之苦，於是力圖撥亂反正，擺脫糾葛陷溺的險境，有情無情自可相忘不擾。

莊子所謂的無情，是立基於悲天憫人的惻隱情感，是蘊含在深層洞澈的摯意真情。正因為過於重情，在兵荒馬亂、價值崩塌的時代裡，體悟到人為情感所帶來的悲慘痛楚。如若「與接為構，日以心鬥。」因自我的偏執而導致諸多扭曲變形的深情厚意，頻與外界事物接觸糾纏，成天陷入勾心鬥角，非爭個排名高下、頭破血流、你死我活，而不能得以甘休，無從鬆手解脫。為了保全天情道情，免於身心的外蕩不反，避免世俗的好惡虛妄，避免附加的刻意專斷，莊子所謂的無情，便是要我們遵循自然節奏的物我兩忘，超然是非現實的紛擾爭鬥。無掉了是非、好惡、名利、生死，將個體生命提升到天情道情的化境，使其無情之情，嵌入「獨與天地精神相往來」的逍遙境界。

常因自然而不益生的無情，要求衝破常人的桎梏網羅，實踐個體生命的修養工夫，順任自然無為的真樸狀態。打破虛構的存有，突破個體的局限，破除名實相符的迷思，破解名言知識的障蔽。如此一來，便能掃除阻礙常人認清事實的障蔽，瓦解有情無情的情感困局。

心上無事，身上無病，好個無情世間皆美景。無情莊子的道情在紅塵，天情在紅塵。人間於是，已然不必拈紅塵。

唱和呼應

♪改編自王菲〈紅豆〉

有時候……也許你會陪我看細水長流。

♪改編後

人故無情乎，
人而無情，何以謂之人，
道與之貌，天與之形，惡得不謂之人，
吾所謂無情者，
言人不以好惡內傷其身，
常因自然而不益生，
不益生，
無以好惡內傷其身。

為尊重及保護著作財產權，僅列出改編歌詞的曲目、主唱者及頭尾歌詞，方便讀者自行查找改編處。

附錄：《莊子》各篇原文

〈逍遙遊〉

北冥有魚，其名為鯤。鯤之大，不知其幾千里也。化而為鳥，其名為鵬。鵬之背，不知其幾千里也。怒而飛，其翼若垂天之雲。是鳥也，海運則將徙于南冥。南冥者，天池也。

《齊諧》者，志怪者也。《諧》之言曰：「鵬之徙于南冥也，水擊三千里，摶扶搖而上者九萬里，去以六月息者也。」野馬也，塵埃也，生物之以息相吹也。天之蒼蒼，其正色邪？其遠而無所至極邪？其視下也，亦若是則已矣。

且夫水之積也不厚，則其負大舟也無力。覆杯水於坳堂之上，則芥為之舟。置杯焉則膠，水淺而舟大也。風之積也不厚，則其負大翼也無力。故九萬裡則風斯在下矣，而後乃今培風；背負青天而莫之夭閼者，而後乃今將圖南。

蜩與學鳩笑之曰：「我決起而飛，槍榆枋而止，時則不至而控於地而已矣，奚以之九萬里而南為？」適莽蒼者，三飡而反，腹猶果然；適百里者，宿舂糧；適千里者，三月聚糧。之二蟲又何知！

小知不及大知，小年不及大年。奚以知其然也？朝菌不知晦朔，蟪蛄不知春秋，此小年也。楚之南有冥靈者，以五百歲為春，五百歲為秋；上古有大椿者，以八千歲為春，八千歲為秋，此大年也。而彭祖乃今以久特聞，眾人匹之，不亦悲乎！

湯之問棘也是已：湯問棘曰：「上下四方有極乎？」棘曰：「無極之外，復無極也。窮髮之北，有冥海者，天池也。有魚焉，其廣數千里，未有知其修者，其名為鯤。有鳥焉，其名為鵬，背若泰山，翼若垂天之雲，摶扶搖羊角而上者九萬里，絕雲氣，負青天，然後圖南，且適南冥也。斥鴳笑之曰：『彼且奚適也？我騰躍而上，不過數仞而下，翱翔蓬蒿之間，此亦飛之至也，而彼且奚適也？』」此小大之辯也。

故夫知效一官，行比一鄉，德合一君而征一國者，其自視也亦若此矣。而宋榮子猶然笑之。且舉世而譽之而不加勸，舉世而非之而不加沮，定乎內外之分，辯乎榮辱之境，斯已矣。彼其於世未數數然也。雖然，猶有未樹也。

夫列子御風而行，泠然善也，旬有五日而後反。彼於致福者，未數數然也。此雖免乎行，猶有所待者也。若夫乘天地之正，而御六氣之辯，以遊無窮者，彼且惡乎待哉！故曰：至人無己，神人無功，聖人無名。

堯讓天下於許由，曰：「日月出矣，而爝火不息，其於光也，不亦難乎！時雨降矣，而猶浸灌，其於澤也，不亦勞乎！夫子立而天下治，而我猶尸之，吾自視缺然。請致天下。」許由曰：「子治天下，天下既已治也，而我猶代子，吾將為名乎？名者，實之賓也，吾將為賓乎？鷦鷯巢于深林，不過一枝；偃鼠飲河，不過滿腹。歸休乎君，予無所用天下為！庖人雖不治庖，尸祝不越樽俎而代之矣。」

肩吾問于連叔曰：「吾聞言於接輿，大而無當，往而不返。吾驚怖其言，猶河漢而無極也，大有徑庭，不近人情焉。」連叔曰：「其言謂何哉？」「曰『藐姑射之山，有神人居焉。肌膚若冰雪，淖約若處子；不食五穀，吸風飲露；乘雲氣，御飛龍，而游乎四海之外；其神凝，使物不疵癘而年穀熟。』吾以是狂而不信也。」連叔曰：「然！瞽者無以與乎文章之觀，聾者無以與乎鐘鼓之聲。豈唯形骸有聾盲哉？夫知亦有之。是其言也，猶時女也。之人也，之德也，將旁礴萬物以為一，世蘄乎亂，孰弊弊焉以天下為事！之人也，物莫之傷，大浸稽天而不溺，大旱金石流、土山焦而不熱。是其塵垢粃糠，將猶陶鑄堯舜者也，孰肯分分然以物為事！」

宋人資章甫而適諸越，越人斷髮文身，無所用之。堯治天下之民，平海內之政。往見四子藐姑射之山，汾水之陽，窅然喪其天下焉。

惠子謂莊子曰：「魏王貽我大瓠之種，我樹之成而實五石。以盛水漿，其堅不能自舉也。剖之以為瓢，則瓠落無所容。非不呺然大也，吾為其無用而掊之。」莊子曰：「夫子固拙于用大矣。宋人有善為不龜手之藥者，世世以洴澼絖為事。客聞之，請買其方百金。聚族而謀曰：『我世世為洴澼絖，不過數金。今一朝而鬻技百金，請與之。』客得之，以說吳王。越有難，吳王使之將。冬與越人水戰，大敗越人，裂地而封之。能不龜手，一也，或以封，或不免於洴澼絖，則所用之異也。今子有五石之瓠，何不慮以為大樽而浮乎江湖，而憂其瓠落無所容？則夫子猶有蓬之心也夫！」

惠子謂莊子曰：「吾有大樹，人謂之樗。其大本臃腫而不中繩墨，其小枝捲曲而不中規矩。立之塗，匠者不顧。今子之言，大而無用，眾所同去也。」莊子曰：「子獨不見狸狌乎？卑身而伏，以候敖者；東西跳樑，不避高下；中於機辟，死於罔罟。今夫斄牛，其大若垂天之雲。此能為大矣，而不能執鼠。今子有大樹，患其無用，何不樹之於無何有之鄉，廣莫之野，彷徨乎無為其側，逍遙乎寢臥其下。不夭斤斧，物無害者，無所可用，安所困苦哉！

〈齊物論〉

南郭子綦隱機而坐，仰天而噓，荅焉似喪其耦。顏成子遊立侍乎前，曰：「何居乎？形固可使如槁木，而心固可使如死灰乎？今之隱機者，非昔之隱機者也？」子綦曰：「偃，不亦善乎，而問之也！今者吾喪我，汝知之乎？汝聞人籟而未聞地籟，汝聞地籟而不聞天籟夫！」

子遊曰：「敢問其方。」子綦曰：「夫大塊噫氣，其名為風。是唯無作，作則萬竅怒呺。而獨不聞之翏翏乎？山林之畏佳，大木百圍之竅穴，似鼻，似口，似耳，似枅，似圈，似臼，似窪者，似汙者；激者、謞者、叱者、吸者、叫者、譹者、宎者，咬者。前者唱於而隨者唱喁，泠風則小和，飄風則大和，厲風濟則眾竅為虛。而獨不見之調調之刁刁乎？」

子遊曰：「地籟則眾竅是已，人籟則比竹是已，敢問天籟。」子綦曰：「夫天籟者，吹萬不同，而使其自己也。鹹其自取，怒者其誰邪？」

大知閑閑，小知閑閑。大言炎炎，小言詹詹。其寐也魂交，其覺也形開。與接為構，日以心鬭。縵者、窖者、密者。小恐惴惴，大恐縵縵。其發若機栝，其司是非之謂也；其留如詛盟，其守勝之謂也；其殺若秋冬，以言其日消也；其溺之所為之，不可使複之也；其厭也如緘，以言其老洫也；近死之心，莫使複陽也。喜怒哀樂，慮歎變慹，姚佚啟態；樂出虛，蒸成菌。日夜相代乎前，而莫知其所萌。已乎，已乎！旦暮得此，其所由以生乎！

非彼無我，非我無所取。是亦近矣，而不知其所為使。若有真宰，而特不得其眹。可行已信，而不見其形，有情而無形。百骸、九竅、六藏，賅而存焉，吾誰與為親？汝皆說之乎？其有私焉？如是皆有為臣妾乎？其臣妾不足以相治乎？其遞相為君臣乎？其有真君存焉！如求得其情與不得，無益損乎其真。一受其成形，不亡以待盡。與物相刃相靡，其行盡如馳而莫之能止，不亦悲乎！終身役役而不見其成功，苶然疲役而不知其所歸，可不哀邪！人謂之不死，奚益！其形化，其心與之然，可不謂大哀乎？人之生也，固若是芒乎？其我獨芒，而人亦有不芒者乎？

夫隨其成心而師之，誰獨且無師乎？奚必知代而自取者有之？愚者與有焉！未成乎心而有是非，是今日適越而昔至也。是以無有為有。無有為有，雖有神禹且不能知，吾獨且奈何哉！

夫言非吹也，言者有言。其所言者特未定也。果有言邪？其未嘗有言邪？其以為異於鷇音，亦有辯乎？其無辯乎？道惡乎隱而有真偽？言惡乎隱而有是非？道惡乎往而不存？言惡乎存而不可？道隱于小成，言隱於榮華。故有儒墨之是非，以是其所非而非其所是。欲是其所非而非其所是，則莫若以明。

物無非彼，物無非是。自彼則不見，自知則知之。故曰：彼出於是，是亦因彼。彼是方生之說也。雖然，方生方死，方死方生；方可方不可，方不可方可；因是因非，因非因是。是以聖人不由，而照之於天，亦因是也。是亦彼也，彼亦是也。彼亦一是非，此亦一是非，果且有彼是乎哉？果且無彼是乎哉？彼是莫得其偶，謂之道樞。樞始得其環中，以應無窮。是亦一無窮，非亦一無窮也。故曰：莫若以明。以指喻指之非指，不若以非指喻指之非指也；以馬喻馬之非馬，不若以非馬喻馬之非馬也。天地一指也，萬物一馬也。

道行之而成，物謂之而然。有自也而可，有自也而不可；有自也而然，有自也而不然。惡乎然？然於然。惡乎不然？不然於不然。惡乎可？可於可。惡乎不可？不可於不可。物固有所然，物固有所可。無物不然，無物不可。故為是舉莛與楹，厲與西施，恢詭譎怪，道通為一。

其分也，成也；其成也，毀也。凡物無成與毀，複通為一。唯達者知通為一，為是不用，而寓諸庸。庸也者，用也；用也者，通也；通也者，得也。適得而幾矣。因是已，已而不知其然，謂之道。勞神明為一而不知其同也，謂之「朝三」。何謂「朝三」？狙公賦芧，曰：「朝三而暮四。」眾狙皆怒。曰：「然則朝四而暮三。」眾狙皆悅。名實未虧而喜怒為用，亦因是也。是以聖人和之以是非而休乎天鈞，是之謂兩行。

古之人，其知有所至矣。惡乎至？有以為未始有物者，至矣，盡矣，不可以加矣。其次以為有物矣，而未始有封也。其次以為有封焉，而未始有是非也。是非之彰也，道之所以虧也。道之所以虧，愛之所以成。果且有成與虧乎哉？果且無成與虧乎哉？有成與虧，故昭氏之鼓琴也；無成與虧，故昭氏之不鼓琴也。昭文之鼓琴也，師曠之枝策也，惠子之據梧也，三子之知，幾乎皆其盛者也，故載之末年。唯其好之也，以異於彼，其好之也，欲以明之。彼非所明而明之，故以堅白之昧終。而其子又以文之綸終，終身無成。若是而可謂成乎，雖我亦成也；若是而不可謂成乎？物與我無成也。是故滑疑之耀，聖人之所圖也。為是不用而寓諸庸，此之謂以明。

今且有言於此，不知其與是類乎？其與是不類乎？類與不類，相與為類，則與彼無以異矣。雖然，請嘗言之：有始也者，有未始有始也者，有未始有夫未始有始也者；有有也者，有無也者，有未始有無也者，有未始有夫未始有無也者。俄而有無矣，而未知有無之果孰有孰無也。今我則已有謂矣，而未知吾所謂之其果有謂乎？其果無謂乎？

夫天下莫大於秋豪之末，而大山為小；莫壽乎殤子，而彭祖為夭。天地與我並生，而萬物與我為一。既已為一矣，且得有言乎？既已謂之一矣，且得無言乎？一與言為二，二與一為三。自此以往，巧曆不能得，而況其凡乎！故自無適有，以至於三，而況自有適有乎！無適焉，因是已！

夫道未始有封，言未始有常，為是而有畛也。請言其畛：有左，有右，有倫，有義，有分，有辯，有競，有爭，此之謂八德。六合之外，聖人存而不論；六合之內，聖人論而不議；春秋經世先王之志，聖人議而不辯。故分也者，有不分也；辯也者，有不辯也。曰：「何也？」「聖人懷之，眾人辯之以相示也。故曰：辯也者，有不見也。」夫大道不稱，大辯不言，大仁不仁，大廉不嗛，大勇不忮。道昭而不道，言辯而不及，仁常而不周，廉清而不信，勇忮而不成。五者圓而幾向方矣！故知止其所不知，至矣。孰知不言之辯，不道之道？若有能知，此之謂天府。注焉而不滿，酌焉而不竭，而不知其所由來，此之謂葆光。

故昔者堯問於舜曰：「我欲伐宗、膾、胥敖，南面而不釋然。其故何也？」舜曰：「夫三子者，猶存乎蓬艾之間。若不釋然何哉！昔者十日並出，萬物皆照，而況德之進乎日者乎！」

齧缺問乎王倪曰：「子知物之所同是乎？」曰：「吾惡乎知之！」「子知子之所不知邪？」曰：「吾惡乎知之！」「然則物無知邪？」曰：「吾惡乎知之！雖然，嘗試言之：庸詎知吾所謂知之非不知邪？庸詎知吾所謂不知之非知邪？且吾嘗試問乎女：民濕寢則腰疾偏死，鰌然乎哉？木處則惴慄恂懼，猨猴然乎哉？三者孰知正處？民食芻豢，麋鹿食薦，蝍蛆甘帶，鴟鴉耆鼠，四者孰知正味？猨猵狙以為雌，麋與鹿交，鰍與魚遊。毛嬙、麗姬，人之所美也；魚見之深入，鳥見之高飛，麋鹿見之決驟，四者孰知天下之正色哉？自我觀之，仁義之端，是非之塗，樊然淆亂，吾惡能知其辯！」齧缺曰：「子不知利害，則至人固不知利害乎？」王倪曰：「至人神矣！大澤焚而不能熱，河漢沍而不能寒，疾雷破山而不能傷，飄風振海而不能驚。若然者，乘雲氣，騎日月，而游乎四海之外，死生無變於己，而況利害之端乎！」

瞿鵲子問乎長梧子曰：「吾聞諸夫子：『聖人不從事於務，不就利，不違害，不喜求，不緣道，無謂有謂，有謂無謂，而遊乎塵垢之外。』夫子以為孟浪之言，而我以為妙道之行也。吾子以為奚若？」

長梧子曰：「是皇帝之所聽熒也，而丘也何足以知之！且女亦大早計，見卵而求時夜，見彈而求鴞炙。予嘗為女妄言之，女以妄聽之，奚？旁日月，挾宇宙，為其脗合，置其滑涽，以隸相尊？眾人役役，聖人愚芚，參萬歲而一成純。萬物盡然，而以是相蘊。予惡乎知說生之非惑邪！予惡乎知惡死之非弱喪而不知歸者邪！麗之姬，艾封人之子也。晉國之始得之也，涕泣沾襟。及其至於王所，與王同筐床，食芻豢，而後悔其泣也。予惡乎知夫死者不悔其始之蘄生乎？夢飲酒者，旦而哭泣；夢哭泣者，旦而田獵。方其夢也，不知其夢也。夢之中又占其夢焉，覺而後知其夢也。且有大覺而後知此其大夢也，而愚者自以為覺，竊竊然知之。「君乎，牧乎，固哉！丘也與女皆夢也，予謂女夢亦夢也。是其言也，其名為吊詭。萬世之後而一遇大聖知其解者，是旦暮遇之也。」

既使我與若辯矣，若勝我，我不若勝，若果是也？我果非也邪？我勝若，若不吾勝，我果是也？而果非也邪？其或是也？其或非也邪？其俱是也？其俱非也邪？我與若不能相知也。則人固受其黮暗，吾誰使正之？使同乎若者正之，既與若同矣，惡能正之？使同乎我者正之，既同乎我矣，惡能正之？使異乎我與若者正之，既異乎我與若矣，惡能正之？使同乎我與若者正之，既同乎我與若矣，惡能正之？然則我與若與人俱不能相知也，而待彼也邪？」

化聲之相待，若其不相待，和之以天倪，因之以曼衍，所以窮年也。「何謂和之以天倪？」曰：「是不是，然不然。是若果是也，則是之異乎不是也亦無辯；然若果然也，則然之異乎不然也亦無辯。忘年忘義，振於無竟，故寓諸無竟。」

罔兩問景曰：「曩子行，今子止；曩子坐，今子起。何其無特操與？」景曰：「吾有待而然者邪？吾所待又有待而然者邪？吾待蛇蚹蜩翼邪？惡識所以然？惡識所以不然？」

昔者莊周夢為蝴蝶，栩栩然蝴蝶也。自喻適志與！不知周也。俄然覺，則蘧蘧然周也。不知周之夢為蝴蝶與？蝴蝶之夢為周與？周與蝴蝶則必有分矣。此之謂物化。

〈秋水〉

公孫龍問于魏牟曰：「龍少學先王之道，長而明仁義之行；合同異，離堅白；然不然，可不可；困百家之知，窮眾口之辯，吾自以為至達已。今吾聞莊子之言，茫然異之。不知論之不及與？知之弗若與？今吾無所開吾喙，敢問其方。」公子牟隱機大息，仰天而笑曰：「子獨不聞夫埳井之蛙乎？謂東海之鱉曰：『吾樂與！出跳梁乎井幹之上，入休乎缺甃之崖。赴水則接腋持頤，蹶泥則沒足滅跗。還虷蟹與科鬥，莫吾能若也。且夫擅一壑之水，而跨跱埳井之樂，此亦至矣。夫子奚不時來入觀乎？』東海之鱉左足未入，而右膝已縶矣。於是逡巡而卻，告之海曰：『夫千里之遠，不足以舉其大；千仞之高，不足以極其深。禹之時，十年九潦，而水弗為加益；湯之時，八年七旱，而崖不為加損。夫不為頃久推移，不以多少進退者，此亦東海之大樂也。』於是埳井之蛙聞之，適適然驚，規規然自失也。

且夫知不知是非之竟，而猶欲觀於莊子之言，是猶使蚊負山，商蚷馳河也，必不勝任矣。且夫知不知論極妙之言，而自適一時之利者，是非埳井之蛙與？且彼方跐黃泉而登大皇，無南無北，爽然四解，淪於不測；無東無西，始于玄冥，反於大通。子乃規規然而求之以察，索之以辯，是直用管窺天，用錐指地也，不亦小乎？子往矣！

且子獨不聞夫壽陵餘子之學於邯鄲與？未得國能，又失其故行矣，直匍匐而歸耳。今子不去，將忘子之故，失子之業。」公孫龍口呿而不合，舌舉而不下，乃逸而走。

〈則陽〉

魏瑩與田侯牟約，田侯牟背之，魏瑩怒，將使人刺之。犀首公孫衍聞而恥之，曰：「君為萬乘之君也，而以匹夫從仇。衍請受甲二十萬，為君攻之，虜其人民，系其牛馬，使其君內熱發於背，然後拔其國。忌也出走，然後抶其背，折其脊。」季子聞而恥之，曰：「築十仞之城，城者既十仞矣，則又壞之，此胥靡之所苦也。今兵不起七年矣，此王之基也。衍亂人，不可聽也。」華子聞而醜之，曰：「善言伐齊者，亂人也；善言勿伐者，亦亂人也；謂伐之與不伐亂人也者，又亂人也。」君曰：

「然則若何？」曰：「君求其道而已矣。」

惠子聞之，而見戴晉人。戴晉人曰：「有所謂蝸者，君知之乎？」曰：「然。」「有國于蝸之左角者，曰觸氏；有國於蝸之右角者，曰蠻氏。時相與爭地而戰，伏屍數萬，逐北旬有五日而後反。」君曰：「噫！其虛言與？」曰：「臣請為君實之。君以意在四方上下有窮乎？」君曰：「無窮。」曰：「知遊心於無窮，而反在通達之國，若存若亡乎？」君曰：「然。」曰：「通達之中有魏，于魏中有梁，于梁中有王，王與蠻氏有辯乎？」君曰：「無辯。」客出而君惝然若有亡也。

客出，惠子見。君曰：「客，大人也，聖人不足以當之。」惠子曰：「夫吹　也，猶有嗃也；吹劍首者，吷而已矣。堯、舜，人之所譽也。道堯、舜于戴晉人之前，譬猶一吷也。」

〈知北遊〉

東郭子問於莊子曰：「所謂道，惡乎在？」莊子曰：「無所不在。」東郭子曰：「期而後可。」莊子曰：「在螻蟻。」曰：「何其下邪？」曰：「在稊稗。」曰：「何其愈下邪？」曰：「在瓦甓。」曰：「何其愈甚邪？」曰：「在屎溺。」東郭子不應。莊子曰：「夫子之問也，固不及質。正獲之問於監市履狶也，每下愈況。汝唯莫必，無乎逃物。至道若是，大言亦然。周遍鹹三者，異名同實，其指一也。嘗相與遊乎無有之宮，同合而論，無所終窮乎！嘗相與無為乎！澹而靜乎！漠而清乎！調而閑乎！寥已吾志，無往焉而不知其所至，去而來而不知其所止。吾已往來焉而不知其所終，彷徨乎馮閎，大知入焉而不知其所窮。物物者與物無際，而物有際者，所謂物際者也。不際之際，際之不際者也。謂盈虛衰殺，彼為盈虛非盈虛，彼為衰殺非衰殺，彼為本末非本末，彼為積散非積散也。」

〈大宗師〉

死生，命也；其有夜旦之常，天也。人之有所不得與，皆物之情也。彼特以天為父，而身猶愛之，而況其卓乎！人特以有君為愈乎己，而身猶死之，而況其真乎！泉涸，魚相與處於陸，相呴以濕，相濡以沫，不如相忘於江湖。與其譽堯而非桀也，不如兩忘而化其道。

夫大塊載我以形，勞我以生，佚我以老，息我以死。故善吾生者，乃所以善吾死也。夫藏舟于壑，藏山於澤，謂之固矣！然而夜半有力者負之而走，昧者不知也。藏小大有宜，猶有所遯。若夫藏天下於天下而不得所遯，是恒物之大情也。特犯人之形而猶喜之。若人之形者，萬化而未始有極也，其為樂可勝計邪？故聖人將游於物之所不得遯而皆存。善夭善老，善始善終，人猶效之，又況萬物之所系而一化之所待乎！

語言文學類　PG2244　文學視界103

樗下詠莊子
——用道家智慧解決生命困境

作　　者／羅惠齡
責任編輯／杜國維
圖文排版／莊皓云
封面設計／蔡瑋筠

發 行 人／宋政坤
法律顧問／毛國樑　律師
出版發行／秀威資訊科技股份有限公司
114台北市內湖區瑞光路76巷65號1樓
電話：+886-2-2796-3638　傳真：+886-2-2796-1377
http://www.showwe.com.tw
劃撥帳號／19563868　戶名：秀威資訊科技股份有限公司
讀者服務信箱：service@showwe.com.tw
展售門市／國家書店（松江門市）
104台北市中山區松江路209號1樓
電話：+886-2-2518-0207　傳真：+886-2-2518-0778
網路訂購／秀威網路書店：https://store.showwe.tw
國家網路書店：https://www.govbooks.com.tw

2019年7月　BOD一版
定價：350元

國家圖書館出版品預行編目

樗下詠莊子：用道家智慧解決生命困境 / 羅惠齡著. -- 一版. -- 臺北市：秀威資訊科技, 2019.07
面； 公分. -- (語言文學類；PG2244) (文學視界；103)
BOD版
ISBN 978-986-326-705-8(平裝)

1. 莊子 2. 研究考訂 3. 老莊哲學

121.337 108010229

讀者回函卡

感謝您購買本書，為提升服務品質，請填妥以下資料，將讀者回函卡直接寄回或傳真本公司，收到您的寶貴意見後，我們會收藏記錄及檢討，謝謝！
如您需要了解本公司最新出版書目、購書優惠或企劃活動，歡迎您上網查詢或下載相關資料：http:// www.showwe.com.tw

您購買的書名：________________________________

出生日期：________年________月________日

學歷：□高中（含）以下　□大專　□研究所（含）以上

職業：□製造業　□金融業　□資訊業　□軍警　□傳播業　□自由業
　　　□服務業　□公務員　□教職　□學生　□家管　□其它_____

購書地點：□網路書店　□實體書店　□書展　□郵購　□贈閱　□其他

您從何得知本書的消息？
　□網路書店　□實體書店　□網路搜尋　□電子報　□書訊　□雜誌
　□傳播媒體　□親友推薦　□網站推薦　□部落格　□其他__________

您對本書的評價：（請填代號　1.非常滿意　2.滿意　3.尚可　4.再改進）
　封面設計____　版面編排____　內容____　文／譯筆____　價格____

讀完書後您覺得：
　□很有收穫　□有收穫　□收穫不多　□沒收穫

對我們的建議：________________________________

____

____

____

請貼
郵票

11466
台北市內湖區瑞光路 76 巷 65 號 1 樓
秀威資訊科技股份有限公司 收
BOD 數位出版事業部

(請沿線對折寄回，謝謝！)

姓　　名：____________　年齡：________　性別：□女　□男

郵遞區號：□□□□□

地　　址：________________________

聯絡電話：(日)____________　(夜)____________

E-mail：________________________